História de uma alma

Dados Internacionais de Catalogação na Publicação (CIP)
(Câmara Brasileira do Livro, SP, Brasil)

Jesus, Teresa do Menino, 1873-1897
História de uma alma / Teresa do Menino Jesus ; tradução de Frei Ary E. Pintarelli, OFM. – Petrópolis, RJ : Vozes, 2024.

Título original: Histoire d'une âme écrite par elle -même

5ª reimpressão, 2025.

ISBN 978-85-326-6624-6

1. Cristianismo 2. Deus (Cristianismo) 3. Espiritualidade 4. Reflexões teológicas 5. Teresa do Menino Jesus, Santa, 1873-1897 I. Título.

23-182829 CDD-922.22

Índices para catálogo sistemático:
1. Santas : Igrejas Católica : Biografia 922.22

Eliane de Freitas Leite – Bibliotecária – CRB 8/8415

História de uma alma

Santa Teresinha do Menino Jesus

Tradução de Frei Ary E. Pintarelli, OFM

EDITORA VOZES

Petrópolis

Tradução do original em francês intitulado *Histoire d'une âme écrite par elle-même*

Rua Frei Luís, 100
25689-900 Petrópolis, RJ
www.vozes.com.br
Brasil

Editoração: Marina Montrezol
Diagramação: Raquel Nascimento
Revisão gráfica: Rubia Campos
Capa: Lara Gomes

ISBN 978-85-326-6624-6

Este livro foi composto e impresso pela Editora Vozes Ltda.

Sumário

1
Primeiras notas de um cântico de amor – O coração de uma mãe – Recordações dos dois aos quatro anos

A vós, minha venerada Madre, venho confiar a *história de minha alma*. No dia em que a mim a pedistes, receei que isso dissiparia meu coração; mas, depois, Jesus me fez compreender que eu lhe agradaria obedecendo simplesmente. Portanto, começarei a cantar o que devo repetir eternamente: *as misericórdias do Senhor*!...

Antes de tomar a pena, ajoelhei-me diante da estátua de Maria[1]: aquela que deu à minha família tantas provas das maternais preferências da Rainha do céu; supliquei-lhe que guiasse minha mão, a fim de não escrever sequer uma linha que não fosse do seu agrado. A seguir, abrindo o santo Evangelho, meus olhos depararam com estas palavras: "*Tendo subido ao monte, Jesus chamou os que ele quis*" (Mc 3,13). Eis o mistério da minha vocação, de toda a minha vida; e sobretudo o mistério dos privilégios de Jesus por minha alma. Ele não chama os que são dignos disso, mas aqueles que lhe agradam. Como diz São Pau-

1. Esta virgem preciosa, embora sem valor artístico algum, animou-se por bem duas vezes para, em graves circunstâncias, esclarecer e consolar a mãe de Teresa. Dessa imagem bendita, ela mesma recebeu graças notáveis, como se verá mais adiante.

lo, tomando palavras de Moisés: *Terei misericórdia de quem eu desejar ter misericórdia. Terei compaixão de quem eu desejar ter compaixão* (Ex 33,19). *Dessa forma, a escolha não depende de quem a quer nem de quem corre, mas da misericórdia de Deus* (Rm 9,16).

Por muito tempo, perguntei-me por que o bom Deus tinha preferências, por que todas as almas não recebiam graças em igual medida. Estranhava vê-lo prodigalizar extraordinários favores a grandes pecadores, como São Paulo, Santo Agostinho, Santa Madalena e tantos outros, a quem Ele forçava, por assim dizer, a receber suas graças. Ao ler a vida dos santos, admirava-me ainda ao ver que Nosso Senhor acarinhava, do berço ao túmulo, certas almas privilegiadas, sem deixar em seu caminho obstáculo algum que os impedisse de elevar-se até Ele, jamais permitindo que o pecado manchasse a alvura imaculada de sua veste batismal. Perguntava-me ainda por que os pobres selvagens, por exemplo, morriam em tão grande número sem ter ouvido sequer pronunciar o nome de Deus.

Ora, Jesus dignou-se revelar-me esse mistério. Ele pôs ante meus olhos o livro da natureza, e então compreendi que todas as flores criadas por Ele são belas, que o brilho da rosa e a brancura do lírio não diminuem o perfume da pequena violeta e nada tiram da simplicidade encantadora da margarida. Compreendi que, se todas as pequenas flores quisessem ser rosa, a natureza perderia seus adornos primaveris, e os campos deixariam de ser coloridos por variadas florzinhas.

O mesmo acontece no mundo das almas, que é o jardim vivo do Senhor. Ele achou bom criar os grandes santos, que podem ser comparados aos lírios e às rosas; mas Ele criou também outras menores, que devem contentar-se sem ser margaridas ou simples violetas, destinadas a alegrar seus olhares divinos quando as abaixasse a seus pés. Quanto mais as flores são felizes em cumprir sua vontade, tanto mais perfeitas são.

E compreendi outra coisa ainda... Compreendi que o amor de Nosso Senhor se revela tão bem na alma mais simples, que em nada resiste às suas graças, como na mais sublime. De fato, sendo próprio do amor o abaixamento, se todas as almas se parecessem com as dos santos Doutores, que iluminaram a Igreja, creio que o bom Deus não desceria tanto a ponto de chegar até elas. Todavia, Ele criou a criança, que nada sabe e só se faz ouvir por suaves vagidos; criou o pobre selvagem que não sabe seguir senão a lei natural; e é até seus corações que Ele se digna abaixar-se.

Ali estão *as flores dos campos*, cuja simplicidade o encanta; e nesse ato de descer tão baixo, o Senhor mostra sua grandeza infinita. Assim como o sol clareia, ao mesmo tempo, o cedro e a pequena flor, da mesma forma o Astro divino ilumina em particular cada alma, grande ou pequena, e tudo reverte para seu bem: como na natureza, em que as estações estão dispostas de maneira a fazer desabrochar, a seu tempo, a mais humilde margarida.

Sem dúvida, minha Madre, com admiração, haveis de perguntar-me aonde pretendo chegar com isso; afinal, até agora não disse nada que se pareça com a história da minha vida. Mas não me ordenastes que escrevesse, sem constrangimento, o que, com naturalidade, me viesse à memória? Portanto, nestas páginas não encontrareis, propriamente, a *minha vida*, mas *meus pensamentos* sobre as graças que Nosso Senhor dignou-se me conceder.

Encontro-me num período de minha existência no qual posso lançar um olhar sobre o passado; minha alma amadureceu no crisol das provações interiores e exteriores. Agora, como a flor após a tempestade, ergo a cabeça e vejo que em mim se realizam as palavras do Salmo:

> O Senhor é meu pastor; nada me falta. Em verdes pastagens me faz repousar, conduz-me até as fontes tranquilas e reanima minha vida... Ainda que eu

> ande por um vale de espessas trevas, não temo mal algum, porque tu estás comigo, Senhor (Sl 22,1-4).

Sim, comigo o Senhor foi sempre *clemente e misericordioso, lento para a cólera e rico de amor*! (Sl 102,8). Assim, sinto uma real felicidade em poder vir cantar seus inefáveis benefícios junto à minha Madre. É unicamente para vós que vou escrever a história da *florzinha* colhida por Jesus; este pensamento ajudar-me-á a falar com lealdade, sem me preocupar com o estilo nem com as numerosas digressões que hei de fazer; um coração de mãe compreende sempre sua filha, mesmo que ela saiba apenas balbuciar. Portanto, estou certa de ser compreendida e adivinhada.

Se uma florzinha puder falar, creio que ela dirá simplesmente o que o bom Deus fez por ela, sem procurar esconder seus dons. A pretexto de humildade, não diria que é desgraciosa e sem perfume, que o sol escureceu seu brilho, que as tempestades quebraram sua haste, quando está convencida de que tudo nela é diferente.

A flor que vai narrar sua história rejubila-se por ter de publicar as cortesias totalmente gratuitas de Jesus. Ela sabe que não tem nada capaz de atrair-lhe os olhares divinos; que somente sua misericórdia a encheu de bens. Foi Ele que a fez nascer numa terra santa e totalmente impregnada de um perfume virginal; foi Ele que a fez preceder aos *oito lírios* brilhantes de brancura. Em seu amor, quis preservá-la do sopro envenenado do mundo: mal sua corola começava a se abrir, o bom Mestre transplantou-a para a montanha do Carmelo, para o predileto jardim da Virgem Maria.

Minha Madre, em poucas palavras acabo de resumir o que o bom Deus fez por mim; agora vou entrar nos pormenores de minha vida de criança: sei que, onde outros não veriam senão um relato enfadonho, seu coração materno encontrará encantos.

Na *história de minha alma* até a entrada para o Carmelo, distingo três períodos: o primeiro, apesar de sua curta duração, não é o menos fecundo em recordações. Vai do despertar de minha razão até a partida de minha querida mãe para a pátria do céu; em outras palavras, até meus quatro anos e oito meses de idade.

O bom Deus deu-me a graça de abrir minha inteligência muito cedo e de gravar tão profundamente na minha memória as recordações de minha infância, que os acontecimentos do passado me parecem de ontem. Sem dúvida, Jesus quis fazer-me conhecer e apreciar a mãe incomparável que me havia dado. Infelizmente, sua mão divina logo a levou, para coroá-la no céu. Aprouve ao Senhor encher de amor toda a minha vida; minhas primeiras lembranças estão repletas de sorrisos e das mais ternas carícias. Mas, se Ele colocou tanto amor ao meu redor, Ele o colocou também em meu pequeno coração, criando-o afetuoso e sensível. Não é possível imaginar quanto eu amava meu pai e minha mãe; de mil maneiras testemunhava-lhes minha ternura, pois eu era muito expansiva; todavia, hoje eu me rio quando penso nos meios que empregava para isso.

Minha Madre, quisestes colocar-me nas mãos as cartas de mamãe, dirigidas naquela época à minha irmã Paulina, aluna na Visitação de Mans – recordo-me perfeitamente dos fatos ali referidos – mas ser-me-á muito mais fácil transcrever certas passagens dessas encantadoras cartas, muitas vezes demasiado elogiosas a meu respeito, porque eram ditadas pelo amor materno.

Para confirmar o que eu dizia sobre a maneira de testemunhar meu afeto por meus pais, eis uma palavra de minha mãe:

> O nenê é um traquinas sem par, que me acaricia desejando-me a morte! "Oh! como gostaria de que tu morresses, minha pobre mãezinha!" A gente a repreende, mas ela se desculpa com um ar de admiração, dizendo: "Ora! é para que tu vás para o céu,

> pois dizes que é preciso morrer para ir lá!" Quando está nos seus excessos de amor, ela deseja até a morte de seu pai.
>
> Esta pobre miudinha não quer me largar; está continuamente junto a mim e me segue com alegria, principalmente no jardim. Quando eu não estou lá, ela se recusa a ficar e chora tanto que é preciso trazê-la junto a mim. Também, não é capaz de subir sozinha a escada, sem chamar por mim a cada degrau: Mamãe! mamãe! Quantos forem os degraus, tantos os "Mamãe!", e se uma vez apenas eu esquecer de responder "Sim, filhinha", ela permanecerá lá, sem ir para a frente ou para trás.

Eu ia completar meus três anos, quando minha mãe escreveu:

> ...Outro dia, a Teresinha perguntou-me se ela iria para o céu: "Sim", respondi-lhe, "se tu fores boazinha." "Mas, mamãe", replicou ela, "quer dizer que, se não for boazinha, eu irei para o inferno? Mas eu já sei o que vou fazer: eu voaria para o céu onde tu estás e tu me apertarias com força em teus braços. Como faria o bom Deus para me pegar?" Vi no seu olhar que ela estava convencida de que o bom Deus nada poderia lhe fazer se ela se escondesse nos braços de sua mãe.
>
> Maria ama muito sua irmãzinha. É uma criança que a todos nós dá muitas alegrias; ela é de uma franqueza extraordinária: é encantador vê-la correr atrás de mim e confessar: "Mamãe, eu empurrei a Celina uma vez, eu bati nela uma vez; porém, não o farei mais".
>
> Assim, se ela cometer a menor falta, é preciso que todos o saibam: ontem mesmo, rasgou involuntariamente um cantinho da parede forrada com papel; ficou num estado de causar dó; mais tarde, era preciso dizê-lo logo a seu pai. Quando ele voltou, pelas quatro horas, ninguém mais se lembrava do acontecido; mas ela foi ter com Maria e lhe disse: "Vai depressa contar ao papai que eu rasguei o papel". Ela ficou lá, como uma criminosa que espera sua condenação; porque ela meteu em sua cabecinha que seria mais facilmente perdoada se, espontaneamente, se acusasse.

Encontrando aqui o nome de meu querido paizinho, veem-me naturalmente à memória algumas recordações bem divertidas. Quando ele voltava para casa, invariavelmente, eu corria à sua frente e me sentava numa de suas botas; então ele me levava a passear, quanto eu quisesse, pelos aposentos e pelo jardim. Sorrindo, mamãe dizia que ele fazia todas as minhas vontades: "Que se há de fazer?", respondia ele. "É *a rainha*!" Depois, tomava-me em seus braços, erguia-me bem alto, sentava-me em seu ombro, abraçava-me, fazendo-me toda espécie de carinhos.

Contudo, não posso dizer que ele me mimava. Recordo-me muito bem que, um dia, eu brincava num balanço, quando meu pai passou por ali e chamou-me, dizendo: "Vem dar-me um abraço, minha pequena rainha!" Pois não é que, contra o meu costume, eu não quis largar o balanço e respondi em tom amuado: "Arranje-se, meu pai!" Ele não me ouviu e fez bem. Maria estava presente. "Menina malcriada", disse-me ela, "é muito feio responder assim a seu pai!" Imediatamente saltei de meu fatal balanço; a lição produziu seu efeito! Por toda a casa ressoaram meus gritos de contrição; subi rapidamente a escada e desta vez não apelei para *mamãe* a cada degrau; pensava só em encontrar papai e reconciliar-me com ele, o que aconteceu bem depressa.

Era-me insuportável o pensamento de ter magoado meus queridos pais; reconhecer meus erros era obra de instantes, como é ainda provado pelo fato da infância narrado tão naturalmente por minha própria mãe:

> Uma manhã, eu quis abraçar a Teresinha antes de descer; pareceu-me que ela dormia profundamente; por isso, não ousei despertá-la, quando Maria me disse: "Mamãe, ela finge estar dormindo, tenho certeza disso". Debrucei-me, então, para beijá-la na fronte; mas ela se escondeu imediatamente sob a coberta, dizendo-me com ar de criança mimada: "Não quero que me vejam". Fiz-lhe sentir que não estava nada contente com isso. Dois minutos de-

> pois, ouvi-a chorar, e eis que imediatamente, para minha grande surpresa, percebi-a às minhas costas! Ela saíra sozinha de seu pequeno leito, descera a escada com os pés descalços, envolta na camisola mais longa do que ela. Seu rostinho estava coberto de lágrimas: "Mamãe", disse-me ela ajoelhando-se a meus pés, "fui má, perdoe-me!" O perdão foi logo concedido. Tomei meu querubim nos braços, apertando-o ao coração e cobrindo-o de beijos.

Recordo-me também do grande afeto que, já naquele tempo, eu tinha por minha irmã mais velha, Maria, que estava terminando seus estudos na Visitação. Sem dá-lo a perceber, eu prestava atenção a tudo o que se passava e se dizia ao meu redor; creio que, então, eu julgava as coisas como hoje. Ouvia atentamente o que ela ensinava a Celina; para merecer o favor de ser admitida ao quarto durante as lições, eu ficava comportada e lhe obedecia em tudo; ela inclusive dava-me presentinhos que, apesar de seu pouco valor, causavam-me imenso prazer.

Posso dizer que minhas duas irmãs mais velhas eram motivo de orgulho para mim! Porém, como Paulina me parecesse tão distante de mim, eu pensava nela desde a manhã até a noite. Assim que comecei a falar, e mamãe me perguntava: "Em quem estás a pensar?", a resposta era invariável: "Na Paulina!" Algumas vezes, ouvi dizer que Paulina seria religiosa; então, sem saber bem o que isso significava, eu pensava: *Eu também hei de ser religiosa*! Essa é uma das minhas primeiras recordações; e desde então, nunca mudei de resolução. Portanto, foi o exemplo dessa querida irmã que, desde os dois anos de idade, encaminhou-me para o Esposo das virgens.

Minha Madre, quantas doces reflexões gostaria de confiar-vos, aqui, sobre minhas relações com Paulina! Mas isso seria demasiado longo.

Também minha querida Leoniazinha ocupava um lugar de destaque no meu coração; ela me amava muito. À tarde, ao voltar de suas aulas, ela queria cuidar de mim quando a família toda ia passear; ainda pareço ouvir as delicadas canções que ela entoava, com sua doce voz, para me fazer dormir. Lembro-me perfeitamente de sua primeira comunhão. Recordo-me também da pobre menininha, sua companheira, que mamãe havia vestido, seguindo o tocante costume das famílias abastadas de Alençon. Nesse belo dia, a menina não se afastou de Leônia um instante sequer; e, à tarde, no jantar solene, deram-lhe um lugar de honra. Mas ai! nessa época, eu era muito pequena para participar daquele piedoso banquete; mas participei um pouco, graças à bondade de papai, que, na hora da sobremesa, veio pessoalmente trazer um pedacinho de bolo à sua pequena rainha.

E, agora, só me resta falar de Celina, a pequena companheira de minha infância. São tão abundantes as recordações a respeito dela, que nem sei quais escolher. Nós duas nos entendíamos perfeitamente, embora eu fosse mais viva e bem menos ingênua do que ela. Eis uma carta que vos mostrará, minha Madre, como Celina era doce e eu traquinas. Eu estava então com quase três anos, e Celina tinha seis e meio.

> Minha pequena Celina é totalmente inclinada à virtude; quanto ao *pequeno furão*, não sei o que dele será; é tão pequeno, tão travesso! É uma criança muito inteligente, mas bem menos doce do que sua irmã e, sobretudo, de uma teimosia quase invencível. Quando me diz *não*, ninguém é capaz de fazê-la ceder. Pode-se deixá-la um dia inteiro no porão sem obter um *sim* de sua parte; antes dormirá lá!

Eu tinha ainda outro defeito, do qual minha mãe não fala em suas cartas: era um grande amor-próprio. Apresento somente dois exemplos:

Um dia, querendo saber com certeza até onde iria meu orgulho, ela me disse sorrindo: "Minha Teresinha, dou-te um centavo se quiseres beijar o chão". Um centavo... para mim aquilo era uma fortuna. Naquela circunstância, eu não precisava abaixar-me muito para ganhá-lo, já que, devido ao meu tamanho, a distância entre mim e o chão não era tanta; entretanto, minha altivez se revoltou e, permanecendo bem retinha, respondi à mamãe: "Isso não, querida mãezinha, prefiro ficar sem o centavo".

Em outra ocasião, devíamos ir ao campo visitar uns amigos. Mamãe disse à Maria que me pusesse o mais elegante dos meus vestidos, mas não me deixasse os braços nus. Eu não disse palavra e até mostrei a indiferença que costumam ter as crianças nessa idade; no íntimo, porém, eu me dizia: "Ora, eu ficaria bem mais engraçadinha com meus braços nus!"

Com tal natureza, compreendo perfeitamente que, se tivesse sido criada por pais menos virtuosos, ter-me-ia tornado muito má e, talvez, até corresse o perigo de perder a salvação eterna. Mas Jesus velava por sua pequena amada e soube tirar proveito de todos esses defeitos, que, reprimidos em boa hora, serviram para fazê-la crescer na perfeição. Com efeito, tendo em mim o amor-próprio e também o amor pelo bem, bastava que me dissessem uma só vez: "Não se deve fazer tal coisa", para que me passasse a vontade de fazê-la. Nas cartas de minha querida mãe, vejo com prazer que, crescendo em idade, eu lhe dava mais consolação; não recebendo senão bons exemplos, naturalmente eu queria segui-los. Eis o que ela escreveu em 1876:

> Até a Teresa começou a fazer sacrifícios. Maria deu às suas irmãzinhas um rosarinho feito expressamente para contar suas práticas de virtude; faziam juntas verdadeiras conferências espirituais muito interessantes. Dias atrás, Celina disse: "Como se explica que o bom Deus está numa pequena hóstia?" Teresa lhe respondeu: "Não é de admirar, afinal, o bom Deus é todo-poderoso!" "E o que quer dizer todo-poderoso?" "Quer dizer que Ele faz tudo o que quer!"
> Porém, mais curioso ainda é ver Tereza pôr a mão no bolso cem vezes por dia para avançar uma conta no seu rosário de sacrifícios.
> Essas duas crianças são inseparáveis, e uma basta à outra para se divertirem. A ama deu à Teresa um ca-

> sal de garnisés; logo ela deu o galo à sua irmã. Todos os dias, após a janta, ela vai à procura do galo, agarra-o rapidamente, faz o mesmo com a galinha, e ambas sentam-se ao lado da lareira e se divertem por um bom tempo.
> Uma manhã, Teresa inventou de sair de sua pequena cama e deitar-se ao lado de Celina; a criada procurou-a para vesti-la; enfim, encontrou-a na cama de sua irmã. Abraçando a irmã e apertando-a fortemente em seus braços, a pequena disse-lhe: "Deixa-me, minha pobre Luíza. Bem vês que somos como as duas galinhas brancas, que não podem viver separadas!"

É bem verdade que eu não podia passar sem Celina; eu preferia levantar-me da mesa, sem terminar de tomar a sobremesa, do que não a seguir assim que ela se retirasse. Girando-me, então, na minha cadeira de criança, eu queria descer rápido e íamos brincar juntas.

Aos domingos, sendo eu muito pequena para participar dos ofícios, mamãe ficava para cuidar de mim. Nessas ocasiões, eu mostrava grande sabedoria, andando na ponta dos pés; mas, assim que ouvia a porta se abrir, eu explodia numa alegria sem igual; precipitava-me ao encontro de minha irmãzinha e lhe dizia: "Celina, dá-me depressa pão bento!" Um dia, ela não o trouxe!... O que fazer? Eu não podia passar sem ele. Eu chamava esse banquete de *minha missa*. Uma ideia luminosa perpassou-me pelo espírito: "Tu não tens pão bento? Pois então, trata de *fazê-lo*!" Ela abriu o armário, tomou o pão, cortou um pedacinho e, recitando sobre ele uma *Ave-Maria* em tom solene, apresentou-o triunfante. E eu, fazendo o sinal da cruz, comi-o com grande devoção, sentindo-lhe perfeitamente o gosto do pão bento.

Um dia, considerando-se grande demais para brincar com bonecas, Leônia veio até nós duas com uma cestinha cheia de roupas, de belos retalhos de tecidos e outras fitinhas, sobre os quais havia deitado uma boneca, e nos disse: "Tomem, irmãzinhas, escolham o que quiserem". Celina olhou e tomou um novelo de cordão. Após um momento de reflexão, estendi a mão por minha vez e disse: "Eu escolho tudo!" e, sem cerimônias, levei a cesta com a boneca.

Esse fato de minha infância é como que o resumo de toda a minha vida. Mais tarde, quando me apareceu a perfeição, compreendi que, para se tornar santa, era preciso sofrer muito, procurar sempre o que há de mais perfeito, sem esquecer-se de si. Descobri que, na santidade, os degraus são numerosos, que cada alma é livre para responder aos convites de Nosso Senhor, de fazer pouco ou muito por seu amor; numa palavra, de *escolher* entre os sacrifícios que Ele propõe. Então, como nos dias de minha infância, eu exclamei: "Meu Deus, eu escolho tudo! Não quero ser santa pela metade; sofrer por Vós não me mete medo; só temo uma coisa: governar minha vontade; tomai posse dela, pois *eu escolhi tudo* o que Vós quereis!"

Mas eu me esqueci, minha querida Madre. Eu ainda não devia falar-vos de minha juventude; sou o pequeno nenê de três ou quatro anos.

Recordo-me de um sonho que tive nessa idade e que se gravou profundamente em minha memória:

Estava eu passeando sozinha pelo jardim, quando, de repente, ao pé do caramanchão, percebi dois terríveis diabinhos que dançavam sobre um barril de cal com uma agilidade espantosa, apesar dos pesados ferros que traziam nos pés. Primeiro, cravaram sobre mim os olhos chamejantes; a seguir, como que tomados de medo, num abrir e fechar de olhos, vi-os precipitarem-se para o fundo da barrica, sair depois por não sei que abertura, correr e finalmente esconder-se na rouparia que estava no andar térreo do jardim. Considerando-os muito medrosos, quis saber o que iam fazer; passado o primeiro susto, aproximei-me da janela... Os pobres diabinhos estavam lá, correndo sobre as mesas e sem saber como fugir da minha presença. De tempos em tempos, aproximavam-se, lançavam um olhar inquieto pelas vidraças; depois, vendo que eu estava lá, recomeçavam a correr como alucinados.

Evidentemente, esse sonho nada tem de extraordinário; todavia, creio que o bom Deus se serviu dele para me provar que uma alma em estado de graça nada tem a temer dos demônios, que são covardes, capazes de fugir ao olhar de uma criança.

Minha Madre, como eu era feliz nessa idade! Não só comecei a gozar da vida, mas a virtude tinha encantos para mim. Parece-me que eu já tinha as mesmas disposições de hoje, tendo já grande domínio sobre todos os meus atos. Assim, eu havia criado o hábito de jamais me queixar quando me tiravam o que era meu; ou então, quando me acusavam injustamente, eu preferia calar-me a me desculpar. Nisso não havia mérito algum de minha parte; fazia-o naturalmente.

Ah! como passaram rápido os anos ensolarados de minha ridente infância e que doce e suave impressão deixaram em minha alma! Com prazer me recordo dos passeios que dávamos aos domingos, sempre em companhia de nossa boa mãe. Sinto ainda as impressões profundas e poéticas que nasciam em meu coração à vista dos trigais coloridos de papoulas, de boninas e de margaridas. Eu já amava as distâncias, os espaços, as grandes árvores. Numa palavra, toda a bela natureza me arrebatava e transportava minha alma para o céu.

Com frequência, durantes esses longos passeios, encontrávamos pobres, e a Teresinha era sempre a encarregada de dar-lhes a esmola; o que a fazia muito feliz. Frequentemente também, meu bom pai, considerando o caminho um pouco longo para sua pequena rainha levava-a para casa, com muita pena para ela! Então, para consolá-la, Celina enchia de margaridas seu lindo cestinho, que lhe entregava ao voltar.

De verdade, tudo na terra me sorria. Eu encontrava flores em todos os meus passos, e meu caráter feliz contribuía também para tornar minha vida agradável; porém, um novo período estava por se abrir. Antes de ser tão cedo a noiva de Jesus, eu tinha necessidade de sofrer desde minha infância. Assim como as flores da primavera começam a germinar sob a neve e desabrocham aos primeiros raios do sol, da mesma forma a florzinha cujas memórias escrevi teve de passar pelo inverno da prova e deixar que o orvalho das lágrimas enchesse seu delicado cálice…

2
Morte de sua mãe – Os Buissonnets – Amor paterno – Primeira confissão – Os serões de inverno – Visão profética

Deixai vir a mim as criancinhas, pois o Reino dos Céus é daqueles que são como elas (Mc 10,14).

Ainda trago em meu coração todos os detalhes da doença de minha mãe. Recordo-me, sobretudo, das últimas semanas que ela passou nesta terra. Celina e eu éramos como duas pobrezinhas exiladas! Todas as manhãs, a Sra. X vinha buscar-nos, e passávamos o dia em sua casa. Um dia, não tivemos tempo de fazer nossa oração antes de sair e, durante o trajeto, minha irmã disse-me baixinho: "Será bom dizer-lhe que não fizemos nossa oração?" "Ah! sim", respondi-lhe eu. Então, muito timidamente, confiou seu segredo a essa senhora, que logo nos disse: "Pois bem, minhas filhas, haveis de fazê-la". Depois, deixando-nos numa grande sala, ela se retirou. Celina olhou para mim estupefata; e eu, que não estava menos espantada, exclamei: "Ah! mas assim não é como a mamãe! Ela sempre nos ajudava a fazer nossa oração".

Durante o dia, apesar das distrações que procurava nos oferecer, o pensamento voltava continuamente para nossa querida mãe. Lembro-me de que, tendo recebido um lindo damasco, minha irmã inclinou-se para mim e me disse: "Não vamos comê-lo. Vou dá-lo à mamãe". Mas ai!... nossa querida mãezinha já estava demasiado doente para comer os frutos da terra; só no céu haveria de saciar-se com a glória de Deus e beber com Jesus o vinho misterioso do qual Ele falou em sua Última Ceia, prometendo reparti-lo conosco no reino de seu Pai.

A tocante cerimônia da Extrema-Unção ficou impressa em minha alma. Ainda vejo o lugar onde me fizeram ajoelhar e ainda ouço os soluços de meu pobre pai.

Minha mãe deixou este mundo a 28 de agosto de 1877, aos quarenta e seis anos de idade. No dia seguinte à sua morte, meu pai tomou-me nos braços e me disse: "Vem abraçar pela última vez tua querida mãezinha". E eu, sem pronunciar palavra alguma, aproximei meus lábios da fronte gelada de minha mãe querida.

Não me lembro de ter chorado muito. Não revelei a ninguém os sentimentos profundos que enchiam meu coração; eu olhava e ouvia em silêncio. Percebia muito bem coisas que queriam me ocultar: por momentos, encontrei-me só diante do caixão, colocado de pé no corredor; permaneci longo tempo a considerá-lo; nunca havia visto um deles, mas eu compreendia! Na ocasião, eu era tão pequena, que devia levantar a cabeça para vê-lo por inteiro, e me parecia muito grande e muito triste...

Quinze anos mais tarde, vi-me novamente diante de um caixão; era o de nossa santa Madre Genoveva[2]; julguei estar

2. Essa veneranda Madre professara no Carmelo de Poitiers, de onde fora enviada para fundar o de Lisieux em 1938. Sua memória tornou-se uma bênção para esses dois mosteiros; ali, sob o olhar de Deus, ela praticou constante e unicamente as virtudes mais heroicas e, com sua morte muito santa, coroou uma vida cheia de boas obras, a 5 de dezembro de 1891. Ela tinha oitenta e seis anos de idade.

novamente nos dias de minha infância. Minhas recordações passaram em peso por minha memória. Sem dúvida, era a mesma Teresinha que olhava, mas ela havia crescido, e o caixão parecia-lhe pequeno; ela não precisava erguer a cabeça para olhá-lo; levantava-a só para contemplar o céu, que lhe parecia muito alegre, pois a provação havia amadurecido e fortificado sua alma de tal sorte que, na terra, nada podia entristecê-la.

No dia em que a santa Igreja abençoou os restos mortais de minha mãe, o bom Deus não me deixou em completa orfandade; deu-me outra mãe e deixou-me escolhê-la livremente. Estávamos juntas as cinco irmãs, olhando-nos com tristeza. Vendo-nos assim, nossa ama sentiu-se movida de compaixão e, voltando-se para Celina e para mim, disse-nos: "Pobrezinhas, vocês não têm mais mãe!" Então Celina lançou-se nos braços de Maria, exclamando: "Pois bem, tu serás nossa mãe!" Habituada a seguir sempre a Celina, eu devia imitá-la num ato tão justo; mas pensei que talvez a Paulina se magoasse e se sentisse abandonada, não tendo uma filhinha; então, olhei para ela com ternura e, apoiando a cabeça em seu coração, disse por minha vez: "Para mim, Paulina será minha mãe!"

Como escrevi acima, foi a partir dessa época que iniciou para mim o segundo período de minha existência, o mais doloroso, sobretudo depois que entrou para o Carmelo aquela que eu havia escolhido por minha segunda mãe. Esse período se estende a partir da idade de quatro anos e meio até os catorze, quando reencontrei meu caráter de criança, embora compreendendo sempre mais a seriedade da vida.

É preciso dizer-vos, minha venerada Madre, que logo após a morte de mamãe, minha índole feliz mudou por completo. Tão viva e tão expansiva, tornei-me tímida e doce, excessivamente sensível; muitas vezes, bastava um olhar para levar-me às lágrimas; era preciso que ninguém se ocupasse de mim; eu não podia suportar a companhia dos estranhos e só reencontrava minha alegria na intimidade da família. Lá eu continuava a ser cercada das maiores delicadezas. O coração já tão afetuoso de meu pai parecia enriquecido de um amor verdadeiramente maternal, e eu sentia que minhas irmãs haviam se tornado as mais ternas mães, as mais desinteressadas. Ah! se o bom Deus não tivesse prodigalizado seus benéficos raios sobre sua florzinha, nunca ela teria podido aclimatar-se na terra. Ainda muito fraca para suportar as chuvas e as tempestades, precisava de calor, de doce orvalho e de brisas primaveris; esses benefícios jamais faltaram, mesmo na neve da provação.

Não demorou, e meu pai resolveu deixar Alençon e ir morar em Lisieux, aproximando-nos assim de um tio, irmão de minha mãe. Fez esse sacrifício com o intuito de confiar minhas irmãs, ainda jovens, à direção de minha querida tia, a fim de que ela as guiasse em sua nova missão e, de alguma forma, servisse-nos de mãe. Não senti nenhum sofrimento ao abandonar minha terra natal; as crianças gostam de mudança e de tudo o que sai da normalidade; portanto, foi com prazer que vim para Lisieux. Lembro-me da viagem, de quando, à tardinha, chegamos à casa de meu tio; ainda vejo minhas priminhas, Joana e Maria, à nossa espera no limiar da casa em companhia de minha tia. Ah! quanto me comoveu a afeição que nossos queridos parentes nos testemunharam!

No dia seguinte, levaram-nos à nossa nova residência, isto é, aos Buissonnets, um bairro solitário, situado perto do belo passeio chamado "Jardim da Estrela". A casa alugada por meu pai pareceu-me encantadora: um mirante, de onde a vista se estendia para longe, o jardim inglês na frente e uma grande horta nos fundos. Tudo isso, para minha imaginação infantil, era uma novidade feliz. De fato, essa risonha habitação tornou-se o teatro de dulcíssimas alegrias e de inesquecíveis cenas familiares. Antes, como disse acima, eu estava exilada, chorava e sentia que não tinha mais mãe! Lá, meu coraçãozinho se expandia, e, mais uma vez, eu sorria à vida.

Logo ao acordar, recebia as carícias de minhas irmãs e, a seu lado, eu fazia minha oração. A seguir, tomava minha lição de leitura com Paulina; recordo-me que a primeira palavra que consegui ler sozinha foi *céus*. Terminada a minha aula, eu subia ao mirante, onde habitualmente estava meu pai, e ficava feliz em poder anunciar-lhe notas boas!

Todas as tardes, eu fazia um pequeno passeio com ele, para visitar o Santíssimo Sacramento, um dia numa igreja, no dia seguinte em outra. Foi assim que entrei pela primeira vez na capela do Carmelo. "Olha, minha pequena rainha", disse-me papai, "atrás daquela grande grade há santas religiosas que rezam sempre ao bom Deus". Eu estava longe de imaginar que, nove anos mais tarde, estaria entre elas; que aqui, neste Carmelo bendito, eu receberia tão grandes graças!

Após o passeio, eu voltava para casa, onde fazia meus deveres; depois, pelo resto do tempo, saltitava no jardim em volta ao meu bom pai. Não sabia brincar com bonecas; meu maior prazer era preparar infusões de sementes e cascas de árvores. Quando minhas infusões tomavam uma bela coloração, oferecia-as depressa ao papai, numa bela xicarazinha que dava verdadeiramente vontade de saborear-lhe o conteúdo. O terno pai deixava logo seu trabalho e depois, sorrindo, fingia tomar a bebida.

Gostava outrossim de cultivar flores; divertia-me em preparar pequenos altares numa cavidade que, por sorte, havia no muro do meu jardim. Quando tudo estava pronto, eu ia ter com papai, que, para me agradar, extasiava-se diante dos meus maravilhosos altares, admirando o que eu julgava ser uma obra-prima! Se quisesse narrar mil fatos desse tipo que me ficaram na memória, não acabaria nunca. Ah! como poderia narrar todas as ternuras que meu incomparável pai esbanjava à sua pequena rainha.

Para mim, eram dias felizes aqueles em que meu *querido rei* – como costumava chamá-lo – levava-me consigo a pescar. Algumas vezes, eu mesma experimentava pescar com minha pequena linha; na maioria das vezes, porém, preferia ficar em lugar retirado, sentada sobre a erva florida. Era quando meus pensamentos vagavam bem profundos; e, sem saber o que era meditar, minha alma lançava-se numa real oração. Escutava os ruídos distantes, o murmúrio do vento. Por vezes, a banda militar da cidade enviava-me algumas notas indecisas, que "melancolizavam" docemente meu coração. A terra parecia-me um lugar de exílio, e eu sonhava com o céu!

A tarde passava rápido, e era preciso regressar aos Buissonnets; porém, antes de ir embora, eu tomava a merenda trazida em minha pequena lancheira. Mas ai! a bela fatia de pão doce preparada por minhas irmãs mudara de aspecto: em lugar de sua cor viva, eu só via nela um leve cor-de-rosa muito *desbotado e envelhecido*. Então, a terra parecia-me mais triste ainda, e eu compreendia que só no céu a alegria seria sem nuvens.

A propósito de nuvens, recordo-me que, um dia, o belo céu azul do campo se cobriu; logo o temporal começou a cair com força, acompanhado de relâmpagos luminosos. Eu me voltava para a direita e para a esquerda, a fim de nada perder desse majestoso espetáculo; por fim, vi o raio cair num prado vizinho e, longe de sentir o menor medo, eu me reanimei: parecia-me que o bom Deus estava muito perto de mim! Meu querido pai, menos contente do que sua rainha, tirou-me de meu arrebatamento; as ervas e as grandes margaridas, mais altas do que eu, brilhavam como pedras preciosas, e nós tivemos de atravessar extensos prados antes de chegar à estrada. Por isso, pegou-me nos braços, apesar de seus apetrechos de pesca; e, de lá, eu olhava embaixo os belos diamantes, quase lastimando de não estar também eu coberta e inundada por eles.

Parece-me não ter dito ainda que, nos meus passeios diários, tanto em Lisieux como em Alençon, muitas vezes eu dava esmolas aos necessitados. Um dia, vimos um pobre que se arrastava penosamente, amparado pelas muletas. Aproximei-me para dar-lhe meu pequeno donativo; ele fixou em mim um longo e triste olhar e depois, sacudindo a cabeça, com um doloroso sorriso recusou minha esmola. Não saberia dizer o que se passou em meu coração. Eu queria consolá-lo, aliviá-lo e, talvez, com isso eu o tenha humilhado!

Sem dúvida, ele adivinhou meu pensamento, pois logo voltou-se para mim e sorriu-me de longe. Meu pai acabara de comprar-me um bolo, e eu tive enorme vontade de correr atrás do velho para dá-lo a ele; dizia comigo: "Não aceitou o meu dinheiro, mas um bolo, por certo, causar-lhe-á prazer". Não sei que receio me conteve; sentia o coração tão apertado, que mal pude reter as lágrimas; por fim, recordei-me de ter ouvido dizer que, no dia da primeira comunhão, obter-se-iam todas as graças que se pedissem: esse pensamento consolou-me de imediato. Apesar de, na ocasião, ter apenas seis anos, eu disse comigo mesma: "No dia de minha primeira comunhão, rezarei por meu pobre"; cinco anos mais tarde, cumpri fielmente minha resolução. Sempre pensei que minha prece infantil por esse sofrido membro de Nosso Senhor foi abençoada e recompensada.

Crescendo, eu amava o bom Deus sempre mais e a Ele eu entregava muitas vezes meu coração, servindo-me de uma fórmula que aprendi de minha mãe; esforçava-me por agradar a Jesus em todas as minhas ações, cuidando de jamais ofendê-lo. No entanto, um dia cometi uma falta que vale a pena mencioná-la aqui; dá-me grande ocasião de me humilhar, e creio ter tido dela uma contrição perfeita.

Era o mês de maio de 1878. Minhas irmãs consideravam-me muito pequena para participar das devoções do mês de Maria todas as tardes; eu ficava em casa com a empregada e fazia com ela minhas devoções diante do altar arranjado a meu modo. Tudo era tão pequeno, castiçais, vasos de flores etc., que bastavam dois palitos de cera para iluminá-lo perfeitamente. Uma vez ou outra, para economizar minha provisão de palitos, Vitória fazia-me a surpresa de dois toquinhos de vela de verdade; mas era raro.

Uma tarde, quando íamos iniciar nossa oração, eu lhe disse: "Pode começar com o *Lembrai-vos*, que vou acender as velas". Ela fingiu começar, mas, olhando para mim, desandou numa risada escandalosa. Vendo meus preciosos palitos consumirem-se rapidamente, supliquei-lhe mais uma vez que iniciasse depressa o *Lembrai-vos*. O mesmo silêncio, as mesmas explosões de riso. Então, no auge da indignação, levantei-me e, saindo de minha habitual doçura, bati o pé com força e gritei muito alto: "Vitória, você é má!" A pobre moça perdeu a vontade de rir; ela me olhou, muda de admiração, e mostrou-me, tarde demais, a surpresa de seus dois tocos de vela escondidos sob seu avental. Depois de chorar de raiva, derramei lágrimas de contrição; estava muito envergonhada e desolada e tomei a firme resolução de nunca mais recair.

Pouco tempo depois, eu ia confessar-me. Que doce recordação para mim! Paulina me dizia: "Teresinha, não é a um homem, mas ao próprio bom Deus que vais confessar teus pecados". Persuadi-me disso de tal maneira, que lhe perguntei seriamente se era preciso dizer ao R. Pe. D. *que eu o amava de todo o coração*, pois era pessoalmente ao bom Deus que ia falar.

Muito bem instruída sobre tudo o que devia fazer, entrei no confessionário e, pondo-me bem em frente ao sacerdote para melhor vê-lo, confessei-me e recebi sua bênção com grande espírito de fé; minha irmã me havia asseverado que nesse momento solene as lágrimas do Menino Jesus iriam purificar minha alma. Lembro-me ainda da exortação que me foi dirigida: convidava-me, sobretudo, a ter devoção à Virgem Santíssima, e prometi redobrar minha ternura por aquela que já ocupava um lugar de destaque no meu coração.

Por fim, apresentei meu pequeno terço para que o benzesse e saí do confessionário tão contente e leve, como nunca até então havia sentido tanta alegria. Era à tardinha. Chegando ao pé de um lampião, parei e, tirando do bolso o terço recém-bento, eu o virava e revirava de todos os lados. "O que estás a olhar, Teresinha?", perguntou-me Paulina. "Ora, olho *o que vem a ser um terço bento*!" Essa estranha resposta divertiu muito minhas irmãs. De minha parte, fiquei muito tempo compenetrada pela graça que havia recebido; depois eu queria confessar-me nas grandes festas, e tal confissão, posso dizê-lo, enchia de alegria todo o meu pequeno interior.

As festas!... Ah! que saudosas recordações me traz essa simples palavra!... *As festas*!... eu as amava tanto! Minhas irmãs sabiam explicar-me tão bem os mistérios que cada uma delas encerrava! Sim, esses dias da terra tornavam-se para mim dias do céu. Atraíam-me, sobretudo, as procissões do Santíssimo Sacramento. Que alegria espalhar flores sob os passos do bom Deus! Mas, antes de deixá-las cair, jogava-as bem para o alto e não cabia em mim de contente quando via que minhas rosas desfolhadas tocavam o sagrado ostensório.

As festas! Ah! se as grandes eram raras, cada semana trazia uma muito cara ao meu coração: *o domingo*. Que dia radiante. Era a festa do bom Deus, a festa do *repouso*. Primeiro, toda a família participava da missa cantada; recordo-me que, na hora do sermão – porque nossa capela ficava um tanto afastada do púlpito –, era necessário descer e encontrar lugares na nave, o que não era muito fácil. Mas para a Teresinha e seu pai todos se apressavam a oferecer-lhes cadeiras. Meu tio alegrava-se em ver-nos chegar juntos; ele me chamava *seu pequeno raio de sol*, e dizia que ver aquele venerando patriarca levar pela mão sua filhinha, para ele, era um quadro encantador.

Pessoalmente, não me preocupava que olhassem para mim; ocupava-me apenas em ouvir com atenção o sacerdote. O primeiro sermão que compreendi e que me tocou profundamente foi sobre a Paixão de Nosso Senhor; eu tinha então cinco anos e meio; depois disso pude entender e apreciar o sentido de todas as instruções.

Quando se falava de Santa Teresa, meu pai se inclinava e me dizia ao pé do ouvido: "Presta bem atenção, minha pequena rainha, fala-se de tua santa padroeira". Eu prestava muita atenção, é verdade, mas, confesso-o, os olhos corriam mais para o papai do que para o pregador. Sua bela figura dizia-me muitas coisas! Por vezes, seus olhos enchiam-se de lágrimas, que, em vão, ele se esforçava por reprimir. Ouvindo as verdades eternas, parecia não habitar na terra: sua alma parecia-me mergulhada em outro mundo. Mas ai!... restava-lhe ainda muito caminho a percorrer, a meta estava bem longe: longos e dolorosos anos ainda deviam decorrer antes que o belo céu se abrisse a seus olhos e que o Senhor, com sua mão divina, viesse enxugar as amargas lágrimas de seu fiel servidor.

Volto a falar do domingo. Essa alegre festa, que se escoava tão rapidamente, tinha também seu tom de melancolia: minha alegria corria sem interrupção até as completas; mas, a partir desse ofício da tarde, um sentimento de tristeza invadia minha alma: lembrava-me de que no dia seguinte era preciso recomeçar a vida, trabalhar, aprender as lições, e meu coração sentia o exílio da terra, suspirava pelo repouso do céu, pelo domingo sem ocaso da verdadeira pátria!

Antes de regressar para os Buissonnets, minha tia nos convidava, uma após outra, a passar a tarde em sua casa: eu ficava muito contente quando chegava a minha vez. Ouvia com extremo prazer tudo o que meu tio dizia; suas sérias conversas interessavam-me muito; certamente, ele nem duvidava da atenção que lhe prestava. Todavia, minha alegria misturava-se com o terror quando me sentava num de seus joelhos, cantando-me o *Barba azul* com uma voz extraordinária!

Por volta das oito horas, meu pai vinha buscar-me. Lembro-me de que, então, eu olhava as estrelas com um encanto inexprimível... Nas profundezas do firmamento havia, sobretudo, um grupo de pérolas de ouro (a constelação de Orion), que me deliciava especialmente por apresentar a forma de um

T, e, caminhando, eu dizia a meu querido pai: “Olha, papai, meu nome está escrito no céu!” Já não querendo ver coisa alguma da vil terra, pedia que me conduzisse; e, sem olhar onde punha os pés, erguia minha cabecinha para o ar, não me fartando de contemplar o céu azul estrelado.

Que poderia dizer dos serões de inverno nos Buissonnets? Após uma partida de damas, minhas irmãs liam o *Ano Litúrgico* e, depois, algumas páginas de um livro interessante e, ao mesmo tempo, instrutivo. Durante esse tempo, meu lugar era sobre os joelhos do meu pai; terminada a leitura, com sua bela voz, punha-se ele a cantar melodiosas canções, como que para me adormentar. Então, eu reclinava minha cabeça sobre seu coração, e ele me embalava docemente...

Por fim, subíamos para fazer a oração; lá, de novo, meu lugar era perto de meu bom pai, bastando-me olhar para ele para saber como rezam os santos. A seguir, Paulina levava-me para a cama; depois de acomodada, eu lhe perguntava invariavelmente: “Fui boazinha hoje? – O bom Deus está contente comigo? – Os anjinhos virão voar ao meu redor?...” A resposta era sempre *sim*: caso contrário, eu passaria a noite toda a chorar. Terminado o interrogatório, minhas irmãs me abraçavam e... a Teresinha ficava a sós na escuridão.

Considero uma verdadeira graça ter sido habituada desde a infância a dominar meus medos. Por vezes, à noite, Paulina me mandava sozinha procurar alguma coisa num quarto afastado; ela não admitia recusas, e isso era necessário para mim, pois teria ficado muito medrosa, enquanto que no presente é muito difícil eu me assustar. Hoje eu me pergunto como minha mãezinha pôde me educar com tanto amor, sem me mimar, porque não me perdoava nenhuma imperfeição: nunca me fez uma repreensão sem motivo, e nunca – isso eu sabia bem – aconteceu que ela voltasse atrás de uma decisão já tomada.

Essa irmã querida ouvia as minhas confidências mais íntimas e esclarecia todas as minhas dúvidas. Um dia, falei-lhe de minha surpresa de o bom Deus não dar no céu uma glória igual para todos os eleitos; temia que nem todos fossem felizes. Então, ela me mandou buscar o grande copo de papai e o pôs ao lado do meu pequeno dedal. Enchendo ambos de água, perguntou-me qual dos dois estava mais cheio. Respondi-lhe que um estava tão cheio quanto o outro e que era impossível pôr neles mais água do que podiam conter. Dessa forma, Paulina me fez compreender que, no céu, o último dos eleitos não inveja a felicidade do primeiro. É assim que, pondo ao meu alcance os mais sublimes segredos, ela dava à minha alma o alimento de que necessitava.

Com que alegria, todos os anos, eu via chegar a distribuição dos prêmios! Embora fosse a única a concorrer, como sempre, a justiça era rigorosamente observada; só recebia os prêmios de fato merecidos. O coração batia-me mais forte ao ouvir minha sentença e receber das mãos de meu pai, diante de toda a família reunida, os prêmios e as coroas. Para mim, era uma imagem do juízo final!

Mas ai!... Vendo papai tão radiante, eu estava longe de prever as grandes provações que o esperavam. Um dia, porém, o bom Deus mostrou-me, numa extraordinária visão, a imagem dessa dor futura.

Meu pai estava de viagem e não devia voltar tão cedo; podiam ser duas ou três horas da tarde: o sol brilhava de um vivo esplendor, e toda a natureza parecia em festa. Achava-me sozinha a uma janela que dava para a horta, o espírito a vagar em pensamentos risonhos, quando, diante de mim, em frente à lavanderia, vi um homem trajado exatamente como papai, com a mesmíssima estatura elevada, a mesma maneira de andar, porém, muito curvado e envelhecido. Digo *envelhecido*, para descrever o aspecto geral de sua pessoa, porque não via seu rosto, e sua cabeça estava coberta por um véu espesso. Ele caminhava vagarosamente, com passo regular, ladeando meu jardinzinho. Na mesma hora, tomou-me um sentimento de terror sobrenatural, e chamei com voz forte e trêmula: "Papai!

Papai!...". Mas o misterioso personagem parecia não me ouvir; continuava sua caminhada, sem ao menos virar a cabeça, e se dirigia para um bosque de abetos que cortava a alameda principal do jardim. Esperava vê-lo reaparecer do outro lado das árvores; mas a visão profética desapareceu.

Tudo isso durou apenas um instante: mas um instante que se gravou tão profundamente em minha memória, que, ainda hoje, após tantos anos, conservo-o presente na lembrança como se fosse a própria visão.

Minhas irmãs estavam juntas numa sala próxima. Ouvindo-me chamar papai, elas proprias tiveram uma impressão de medo. Dissimulando sua emoção, Maria correu até mim e me disse: "Por que chamas pelo papai, que está em Alençon?" Contei-lhe o que acabara de ver, e ela, para me tranquilizar, disse-me que a empregada cobrira a cabeça com seu avental para me amedrontar.

A Vitória, porém, interrogada, afirmou não ter deixado a cozinha; afinal, a verdade não podia desaparecer do meu espírito: *vi um homem, e esse homem, simplesmente, parecia-se com papai*. Então, fomos juntas atrás do conjunto de árvores e, não descobrindo nada, minhas irmãs disseram-me que não pensasse mais no caso. Não pensar mais no caso! Mas isso não estava em meu poder. Com muita frequência, minha imaginação reapresentava-me aquela visão misteriosa. Eu sempre procurava tirar o véu que me encobria seu sentido e, no fundo do coração, alimentava a íntima convicção de que um dia ser-me-ia inteiramente revelado.

E vós conheceis tudo, minha querida Madre! Agora sabeis: era realmente meu pai que o bom Deus me fez ver, a caminhar curvado pela idade e trazendo em seu semblante venerando, em sua cabeça embranquecida, o sinal de sua grande provação. Como a adorável Face de Jesus foi velada durante sua Paixão, da mesma forma a face de seu fiel servidor devia ser velada nos dias de sua humilhação, a fim de poder brilhar com mais esplendor nos céus. Ah! como admiro o modo de agir de Deus, fazendo-nos antever essa cruz preciosa, como um pai faz seus filhos anteverem o futuro glorioso que lhes prepara e, em seu amor, compraz-se em considerar as riquezas imensas que devem receber como herança!

Porém, uma reflexão me vem ao espírito: "Por que o bom Deus comunicou essa luz a uma criança que, se a tivesse compreendido, teria morrido de dor?" Por quê?... Eis um desses insondáveis mistérios que somente no céu podemos compreender, para então torná-los objeto de nossa eterna admiração! Meu Deus, como sois bom! Como medis a proporção das provações com as nossas forças! Naquele tempo, nem a coragem eu tinha de pensar, sem pavor, que papai podia morrer. Uma ocasião, ele estava no alto de uma escada e, vendo-me ali muito perto, disse-me: "Afasta-te, minha pequena rainha, pois se eu cair posso esmagar-te". Senti logo uma revolta interior e, aproximando-me ainda mais da escada, pensei: "Se papai cair, ao menos, não vou ter a dor de vê-lo morrer, morrerei com ele".

Não, não sou capaz de dizer quanto eu amava meu pai! Tudo nele causava-me admiração. Quando me comunicava seu modo de pensar sobre assuntos muito sérios – como se eu fosse uma moça –, eu lhe dizia ingenuamente: "Claro, papai, se falasses assim aos grandes homens do governo, por certo, haveriam de levá-lo para fazê-lo rei, e, então, a França seria feliz como jamais o foi; mas tu serias infeliz, porque essa é a sorte de todos os reis, e, além disso, já não serias o meu rei exclusivo; assim, prefiro que não te conheçam".

Por volta dos seis ou sete anos, vi o mar pela primeira vez. Esse espetáculo causou-me tão profunda impressão que não conseguia desviar meus olhos dele. A majestade do mar, o bramido de suas ondas, tudo falava à minha alma da grandeza e do poder do bom Deus. Recordo-me que, na praia, um senhor e uma senhora olharam demoradamente para mim e perguntaram ao papai se eu era dele, dizendo-lhe que eu era uma linda criança. Ele, porém, fez-lhes sinal para que não me louvassem. Senti prazer ao ouvir isso, pois não me considerava simpática; minhas irmãs prestavam muita atenção para nunca proferir uma palavra que pudesse fazer-me perder a simplicidade e a candura infantis! Por isso, unicamente por dar-lhes fé, não dei grande importância às palavras e aos olhares admirados dessas pessoas, e não pensei mais no caso.

À tarde desse dia, na hora em que o sol parece banhar-se na imensidão das ondas, deixando diante de si um rastro luminoso, fui sentar-me com Paulina num rochedo deserto; contemplei demoradamente esse rastro de ouro, que ela me dizia ser na terra a imagem da graça que ilumina o caminho das almas fiéis. Então, eu representava meu coração no meio do rastro, semelhante a uma leve barquinha munida de graciosa vela branca, e tomei a resolução de jamais me afastar do olhar de Jesus, a fim de que Ele pudesse velejar em paz e rapidamente para a margem dos céus.

3
O colégio – Dolorosa separação – Doença estranha – Visível sorriso da Rainha do Céu

O Senhor estendeu sua mão. Livrou-me de meu terrível adversário. Salvou-me por comprazer-se em mim (Sl 18).

Tinha eu oito anos e meio quando Leônia saiu do colégio e fui tomar seu lugar na Abadia das Beneditinas de Lisieux. Fui colocada numa classe de alunas, todas maiores do que eu: uma delas, de catorze anos de idade, era pouco inteligente, mas sabia impor-se às companheiras. Vendo-me tão jovem, quase sempre em primeiro lugar nas composições e querida de todas as religiosas, ela sentiu ciúmes e, de mil maneiras, fez-me pagar meus pequenos êxitos. Tímida e delicada por natureza, não sabia defender-me e limitava-me a chorar sem dizer nada. Celina, como também minhas irmãs de mais idade, ignorava meus dissabores; mas faltava-me a virtude necessária para passar por cima dessas misérias, e meu pobre pequeno coração sofria muito.

Felizmente, todas as tardes eu regressava ao lar paterno; então minha alma se expandia, eu saltava sobre os joelhos de meu pai, contava-lhe as notas que me haviam sido dadas, e seu beijo fazia-me esquecer todas as mágoas. Com que alegria anunciei o resultado de minha primeira composição! Recebi nota máxima e, como recompensa, uma bela moedinha de prata, que lancei no meu cofrezinho para os pobres e que foi destinada a receber quase todas as quintas-feiras uma nova companheira. Ah! precisava realmente desses mimos; era muito útil à florzinha mergulhar com frequência suas tenras raízes na terra amada e predileta da família, já que em parte alguma encontrava a seiva necessária para sua subsistência.

Todas as quintas-feiras nós tínhamos feriado; mas não podia compará-los aos feriados dados por Paulina, que eu passava em grande parte no mirante com papai. Não sabendo brincar como as outras crianças, não me sentia uma companheira agradável; no entanto, esforçava-me por imitá-las, mas nunca o consegui.

Além de Celina, que me era, por assim dizer, indispensável, procurava preferentemente a priminha Maria, por me dar a liberdade de escolher os jogos de meu agrado. Já estávamos muito unidas de coração e de vontade, como se o bom Deus nos tivesse feito pressentir que um dia, no Carmelo, abraçaríamos a mesma vida religiosa[3].

---

3. Maria Guérin entrou para o Carmelo de Lisieux a 15 de agosto de 1895 e pronunciou seus votos com o nome de *Irmã Maria da Eucaristia*. Destacou-se por seu grande espírito de pobreza e sua paciência em meio a longos sofrimentos. “Não sei se sofri muito”, dizia ela durante sua última doença, “parece-me, contudo, que TERESA comunica-me seus sentimentos e que a sigo no mesmo abandono. Oh! se pudesse morrer de amor como ela! Não seria de admirar, pois fiz parte da legião das pequenas vítimas que ela pediu ao bom Deus. Minha Madre, se, durante a minha agonia, notardes que o sofrimento me impede de fazer atos de amor, peço-vos encarecidamente, recordai-me meu desejo. Quero morrer dizendo a Jesus que o amo”. Esse desejo se realizou. A Madre Priora, numa carta circular dirigida a todos os Carmelos, narra assim seus últimos momentos: “Em sua cela, respirava-se verdadeiramente uma atmosfera que não era deste mundo.” Uma de nossas irmãs trouxe-lhe a “virgem de Teresa”. O olhar já tão belo da Mariazinha iluminou-se com um clarão celestial.

Muitas vezes – na casa de meu tio –, Maria e Teresa tornavam-se dois anacoretas muito penitentes, possuindo apenas uma pobre cabana, um pedacinho de terra semeada de trigo e uma hortazinha para cultivar algum legume. Passavam sua vida em contemplação contínua; isto é, uma revezava a outra quando era preciso ocupar-se da vida ativa. Tudo se fazia em harmonia, em silêncio e com maneiras perfeitamente religiosas. Quando saíamos a passear, mesmo na rua, nosso divertimento continuava: as duas eremitas recitavam o terço, servindo-se dos dedos como contas, para não mostrar sua devoção ao indiscreto público. Entretanto, *a eremita Teresa* distraiu-se: tendo recebido um bolinho para seu lanche, antes de comê-lo, fez um enorme sinal da cruz, e vários profanos não deixaram de sorrir.

Por vezes, nossa união de vontades passava dos limites. Uma tarde, ao voltarmos da Abadia, quisemos imitar a modéstia dos eremitas. Eu disse à Maria: "Tu me guias pela mão, que eu vou fechar os olhos". "Vou fechá-los também eu", respondeu ela; e cada uma fez sua vontade.

Caminhávamos pela calçada, portanto, sem medo de esbarrar em carruagens. Porém, após poucos minutos de passeio, quando as duas travessas saboreavam as delícias de caminhar sem ver, de repente, ambas caíram sobre caixas colocadas à porta de uma loja e derrubaram tudo. Imediatamente, o comerciante saiu encolerizado para recolher suas mercadorias; mas as cegas voluntárias caíram em si e andaram rápido, os olhos e os ouvidos muito abertos ao escutar as

---

"Como a amo!", disse ela estendendo os braços. "Oh! como és bela!" Aproximava-se o momento supremo, e os impulsos de nossa doce moribunda tornavam-se sempre mais expressivos e abrasados: "Não tenho medo de morrer! Oh! que paz!... Não é preciso temer o sofrimento... Ele sempre dá força... Quem me dera morrer de amor!... de amor pelo bom Deus... Meu Jesus, eu vos amo!" E neste ato de amor, a 14 de abril de 1905, aos 34 anos, a alma de nossa angélica irmã expirou, deixando o frágil invólucro...

justas reprimendas de Joana, que parecia tão zangada quanto o comerciante.

Nada disse ainda das minhas novas relações com Celina. Em Lisieux, trocaram-se os papéis: ela se tornou a pequena traquinas cheia de malícia; e Teresa, uma menina muito meiga, embora excessivamente chorona! Inclusive, ela necessitava de um defensor, e quem poderá descrever a intrepidez com que minha querida irmãzinha se encarregou desse mister? Com frequência, oferecíamo-nos pequenos mimos que, mutuamente, nos causavam satisfações sem par. Ah! nesse tempo não sabíamos o que era tédio; nossa alma expandia-se em todo o seu frescor como uma flor primaveril, feliz por receber o orvalho matinal, acariciada pela brisa leve que fazia balançar nossas corolas. Sim, nossas alegrias eram comuns, e senti isso no belo dia da primeira comunhão de minha querida Celina!

Na ocasião, eu tinha sete anos e ainda não frequentava a Abadia. Que saudades me traz a lembrança de sua preparação! Nas últimas semanas, cada tarde minhas irmãs falavam-lhe do grande ato que ela iria realizar; eu ouvia, ansiosa por me preparar também; quando me mandavam sair, porque era ainda muito pequena, meu coração ficava magoado, e eu pensava que para receber o bom Deus não era demais uma preparação de quatro anos.

Uma tarde, ouvi as seguintes palavras dirigidas à minha feliz irmãzinha: "A partir da primeira comunhão, será necessário iniciar uma vida totalmente nova". Na mesma hora, tomei a resolução de não esperar até aquele tempo e iniciar uma vida nova com Celina.

Durante seu retiro preparatório, ela permaneceu sempre internada na Abadia, e sua ausência pareceu-me muito longa. Mas, enfim, raiou o belo dia. Que deliciosa impressão deixou em meu coração! Era como que o prelúdio de minha própria primeira comunhão! Quantas graças recebi naquele dia! Considero-o um dos mais belos de minha vida.

Voltei um pouco para trás, para recordar essa inefável lembrança. Agora devo falar da dolorosa separação que veio quebrar meu coração, quando Jesus arrebatou-me minha *mãezinha* tão ternamente amada. Certa ocasião, eu lhe dissera que desejava retirar-me com ela para um deserto distante; respondeu-me que meu desejo era também o seu, mas que aguardaria que eu estivesse mais crescida para partir. A pequena Teresa tomou a sério essa irrealizável promessa; mas qual não foi sua desilusão quando ouviu sua querida Paulina comunicar à Maria sua próxima entrada para o Carmelo! Eu não conhecia o Carmelo; mas compreendi que ela me deixaria para entrar para um convento e que não esperaria por mim!

Como poderia descrever a angústia do meu coração? Num instante, a vida apresentou-se a mim em toda a sua realidade: cheia de sofrimentos e de separações contínuas; e lágrimas muito amargas brotaram-me dos olhos. Ainda não tinha provado as alegrias do sacrifício; eu era fraca, tão fraca, que considero uma grande graça ter podido suportar, sem morrer, uma provação aparentemente bem superior às minhas forças.

Recordarei sempre a ternura com que me consolou minha mãezinha. Explicou-me a vida do claustro; e eis que uma tarde, estando totalmente só a considerar em meu coração o quadro que ela me havia traçado, percebi que o Carmelo era o deserto em que o bom Deus queria esconder-me também. Senti isso com uma força que não deixou a menor dúvida em meu espírito; não foi um sonho da criança que se entusiasmava fácil, mas a certeza do chamado divino. Não tenho palavras para descrever tal impressão, mas posso dizer que me deixou uma grande paz.

No dia seguinte, confidenciei meus desejos à Paulina, que, vendo neles a vontade do céu, prometeu levar-me em breve ao Carmelo para ver a Madre Priora, a quem poderia revelar meu segredo.

Um domingo foi escolhido para essa solene visita. Meu constrangimento foi grande quando soube que minha prima Maria, ainda muito jovem para ver as Carmelitas, devia acompanhar-me. No entanto, era preciso encontrar meios de ficar a sós com a Madre; ocorreu-me, então, o seguinte pensamento: diria a Maria que, tendo o privilégio de ver a Reverenda Madre, nós devíamos ser muito gentis, muito educadas e, por isso, confiar-lhe nossos segredos. Portanto, uma por vez, seria necessário sair um momentinho. Apesar de sua repugnância em confiar segredos que ela não tinha, Maria acreditou na palavra e, assim, pude permanecer a sós convosco, querida Madre. Ouvindo minhas grandes confidências e crendo em minha vocação, todavia, dissestes-me que não se recebiam postulantes de nove anos e que era necessário aguardar meus dezesseis anos. Tive de resignar-me, apesar de meu vivo desejo de entrar com Paulina e fazer minha primeira comunhão no dia em que ela tomaria o Hábito.

Enfim, despontou o dia 2 de outubro! Dia de lágrimas e de bênçãos, em que Jesus colheu a primeira de suas flores, a flor predileta que, poucos anos mais tarde, devia ser a Madre de suas irmãs. Enquanto meu amado pai, acompanhado de meu tio e de Maria, subia a montanha do Carmelo para oferecer seu primeiro sacrifício, minha tia levava-me para a missa com minhas irmãs e minhas primas. Nós derramávamos lágrimas, de modo que, vendo-nos entrar na igreja, as pessoas olhavam-nos com admiração; mas isso não me impediu de chorar. Perguntava-me como o sol ainda podia brilhar sobre a terra.

Talvez, minha venerada Madre, pensais que eu exagero um pouco em minhas penas. Com efeito, reconheço perfeitamente que essa partida não deveria me afligir tanto; mas devo confessar que minha alma andava longe de estar madura e devia passar por muitos crisóis antes de atingir as praias da paz, antes de experimentar os deliciosos frutos do abandono total e do perfeito amor.

Na tarde desse mesmo dia 2 de outubro de 1882, vi minha querida Paulina, então já Irmã Inez de Jesus, atrás das grades do Carmelo. Como sofri naquele parlatório! Já que escrevo a história da minha alma, parece-me dever dizer tudo! Pois bem, confesso que considerava um nada os primeiros sofrimentos da separação, comparados aos que seguiriam. Habituada a me entreter intimamente com minha mãezinha, a muito custo obtive dois ou três minutos no fim da visita familiar; muito bem entendido que os passei a chorar e retirei-me com o coração despedaçado.

Não compreendia que fosse impossível dar, várias vezes, meia hora a cada uma de nós e que era preciso reservar a maior parte do tempo a meu paizinho e a Maria; não compreendia e, no fundo do meu coração, dizia: Paulina está perdida para mim! Meu espírito desenvolveu-se de forma tão impressionante no meio do sofrimento, que não tardei a cair gravemente doente.

A doença que me acometeu, certamente, vinha do ciúme do demônio, que, furioso por essa primeira entrada para o Carmelo, queria vingar-se em mim pelo enorme prejuízo que minha família lhe devia causar no futuro. Mas ele ignorava que a Rainha do Céu velava fielmente por sua florzinha, que do alto céu ela lhe sorria e estava prestes a fazer cessar a tempestade, no exato momento em que sua haste delicada e frágil ameaçava quebrar-se irremediavelmente.

No fim desse ano de 1882, fui tomada por uma dor de cabeça contínua, embora suportável, que não me impediu de prosseguir meus estudos; isso durou até a festa da Páscoa de 1883. Por esse tempo, tendo meu pai ido a Paris com Maria e Leônia, Celina e eu fomos confiadas a meu tio e minha tia.

Uma tarde, estando a sós com meu tio, ele me falou de minha mãe, das recordações do passado, com tal ternura que me tocou profundamente e me fez chorar. Ele próprio se emocionou diante de minha sensibilidade; surpreendeu-se com os sentimentos que eu manifestava em tão tenra idade e resolveu proporcionar-me toda espécie de distrações durante as férias.

O bom Deus, porém, decidira de modo diverso. Naquela mesma noite, minha dor de cabeça voltou com extrema violência, e fui acometida por um tremor estranho que durou a noite toda. Como verdadeira mãe, minha tia não me deixou um instante; enquanto durou a doença, ela me dispensou a mais terna solicitude e me prodigalizou os mais devotados e delicados cuidados.

Pode-se imaginar a dor do meu pobre pai, quando, ao voltar de Paris, viu-me nesse estado desesperador. Pensou logo que eu iria morrer. Porém, Nosso Senhor bem que podia tranquilizá-lo: "*Esta doença não causará a morte, mas se destina à glória de Deus*" (Jo 11,4). Sim, o bom Deus foi glorificado nessa provação! E o foi pela resignação admirável de meu pai, por aquela de minhas irmãs, sobretudo de Maria. Como sofreu por minha causa! Quão profunda é minha gratidão para essa irmã querida! Seu coração ditava-lhe o que me era necessário, e é bem verdade que um coração de mãe tem mais poder do que a ciência dos mais hábeis doutores.

Entretanto, aproximava-se a tomada de hábito de Irmã Inez de Jesus, e todos evitavam falar disso na minha presença, por medo de me fazerem sofrer, diante da certeza de não me ser possível participar. No fundo do coração, eu acreditava, firmemente, que o bom Deus me concederia o consolo de, naquele dia, rever minha querida Paulina. Estava convencida de que aquela festa seria sem nuvens, saberia que Jesus não provaria sua noiva com minha ausência; ela que já havia sofrido tanto com a doença de sua filhinha. E de fato pude abraçar minha *mãe querida*, sentar-me nos seus joelhos, esconder-me sob o seu véu e receber suas doces carícias; pude contemplá-la, tão encantadora em seu hábito branco! Verdadeiramente, foi um belo dia no meio de minha sombria provação; mas esse dia, ou antes, essa hora, passou depressa, e logo tive de subir na carruagem que me levou para longe do Carmelo!

Chegando aos Buissonnets, acharam conveniente que eu fosse me deitar, embora não sentisse fadiga alguma; mas no dia seguinte fui violentamente retomada pelo mal, e a doença tornou-se tão grave que, pelos cálculos humanos, eu jamais devia sarar.

Não sei como descrever tão estranha doença: eu dizia coisas que não pensava, fazia outras como que forçada, contra a vontade; parecia estar quase em constante delírio e, no entanto, tenho certeza de não ter perdido o uso da razão por um instante sequer. Com frequência, eu ficava desmaiada durante horas, e em desmaio tal, que me teria sido impossível fazer o mais leve movimento. Todavia, em meio a esse extraordinário torpor, ouvia distintamente o que se dizia ao meu redor, mesmo em voz baixa, e disso ainda me recordo.

E que terrores o demônio me inspirava! Tinha medo, absolutamente, de tudo: meu leito parecia-me cheio de precipícios horríveis; alguns pregos fixados às paredes do quarto, a meus olhos, tomavam a forma terrificante de grandes dedos, negros e carbonizados, que me provocavam gritos de horror. Um dia, estando papai a olhar para mim em silêncio, o chapéu que ele trazia na mão, de repente, transformou-se por inteiro não sei em que forma horrível, e manifestei tão grande terror, que meu pobre pai saiu soluçando.

Mas se o bom Deus permitia que o demônio se aproximasse externamente de mim, enviava-me também anjos visíveis para me consolar e fortificar. Maria não me deixava e nunca deu mostras de tédio, apesar de todo o trabalho que eu lhe dava; pois eu não podia sofrer e permitir que ela se afastasse de mim. Durante as refeições, quando Vitória tomava conta de mim, não cessava de chamar entre lágrimas: "Maria! Maria!" Quando ela queria sair, era para que pudesse ir à missa ou visitar Paulina; só então eu não dizia nada.

E Leônia! E minha Celinazinha! O que não fizeram por mim! Aos domingos vinham trancar-se horas inteiras no meu quarto, para fazer companhia a uma pobre criança que mais parecia uma idiota. Ah! minhas queridas irmãzinhas, quanto vos fiz sofrer!

Também meu tio e minha tia eram muito afeiçoados a mim. Minha tia vinha ver-me todos os dias e me trazia mil mimos[4]. Não saberia dizer quanto cresceu minha ternura por esses queridos parentes durante essa doença. Compreendi melhor do que nunca o que, com frequência, dizia meu pai: "Lembrem-se sempre, minhas filhas, que seu tio e sua tia têm por vocês um desvelo extraordinário". Nos dias de sua velhice, ele próprio o experimentou; e, agora, como deverá estar protegendo e abençoando aqueles que lhe dedicaram tão devotadas atenções!

Nas horas em que os sofrimentos eram menos vivos, minha alegria era tecer coroas de margaridas e de miosótis para Nossa Senhora. Estávamos, então, no lindo mês de maio, e a natureza inteira enfeitava-se de flores primaveris; só a *florzinha* definhava e parecia estiolada para sempre! Junto dela, porém, havia um sol, que era a milagrosa imagem da Rainha dos

4. Lá do céu, Teresa soube recompensar-lhe os cuidados maternais. Durante sua última doença, ela a protegeu visivelmente. Uma manhã, foi encontrada calma e radiante: "Sofri muito", disse ela, "mas minha Terezinha velou-me com ternura. A noite toda, senti sua presença ao pé do meu leito. Acariciou-me várias vezes, e isso deu-me uma coragem extraordinária". A senhora Guérin viveu e morreu como uma santa, com a idade de 52 anos. Com um sorriso nos lábios, repetia: "Sou feliz de poder morrer! É tão bom ir ver o bom Deus! Meu Jesus, eu vos amo. Ofereço-vos minha vida pelos sacerdotes, como minha Teresinha do Menino Jesus". Era o dia 13 de fevereiro de 1900. O senhor Guérin, após ter empregado sua pena em defesa da Igreja por muitos anos e sua fortuna em favor das boas obras, faleceu santamente a 28 de setembro de 1909, aos 69 anos de idade, sendo Irmão da Ordem Terceira do Carmo.

Céus. E por vezes, muitas vezes, a florzinha voltava sua corola para esse Astro bendito.

Um dia, vi meu pai entrar no meu quarto; parecia muito comovido e, dirigindo-se a Maria com mostras de grande tristeza, entregou-lhe várias moedas de ouro, pedindo-lhe que escrevesse a Paris a fim de encomendar uma novena de missas no santuário de Nossa Senhora das Vitórias, para obter a cura de sua pobre rainhazinha. Ah! quanto me tocou sua fé e seu amor! Queria levantar-me e dizer-lhe que estava curada! Infelizmente, porém, meus desejos não podiam realizar um milagre, e era necessário um milagre muito grande para fazer-me voltar à vida! Sim, era necessário um grande milagre, e Nossa Senhora das Vitórias realizou-o plenamente.

Um domingo, durante a novena, Maria saiu para o jardim, deixando-me com Leônia, que lia ao pé da janela. Depois de alguns minutos, pus-me a chamar com voz quase sumida: "Maria! Maria!" Estando habituada a me ouvir sempre a gemer assim, Leônia não me deu atenção; então, gritei bem alto, e Maria me acudiu. Vi-a perfeitamente entrar, mas ai! pela primeira vez não a reconheci. Procurei ao meu redor, lancei um olhar ansioso para o jardim e recomecei a chamar: "Maria! Maria!"

Essa luta forçada, inexplicável, era um sofrimento indizível para mim, e Maria talvez sofresse mais do que sua pobre Teresa! Enfim, após vãos esforços por se fazer reconhecer, voltou-se para Leônia, disse-lhe uma palavra muito baixinho, desaparecendo pálida e trêmula.

Minha Leoniazinha levou-me logo para perto da janela; então, ainda sem reconhecê-la, vi que Maria caminhava calmamente no jardim e, estendendo os braços para mim, sorria-me e me chamava com a maior ternura de sua voz: "Teresa, minha Teresinha!" Como essa última tentativa não surtisse resultado algum, minha querida irmã ajoelhou-se chorando ao pé do meu leito e, dirigindo-se à Virgem bendita, implorou com o fervor de uma mãe que pede, que quer a vida de sua filha. Leônia e Celina a imitaram, e esse foi um grito de fé que forçou a porta do céu.

Não encontrando socorro algum na terra e quase a morrer de dor, voltei-me também eu para minha Mãe do céu, pedindo-lhe de todo o meu coração que, enfim, tivesse compaixão de mim.

Subitamente, a estátua se animou! A Virgem Maria tornou-se bela, tão bela, que jamais encontrarei termo adequado para descrever essa beleza divina. Seu semblante recendia uma doçura, uma bondade, uma ternura inefável; mas o que mais penetrou nas profundezas de minha alma foi *seu encantador sorriso*! Desapareceram, então, todas as minhas dores, duas grossas lágrimas brotaram de meus olhos e rolaram em silêncio…

Eram lágrimas de uma alegria celeste e sem mistura! *A Virgem santíssima aproximou-se de mim*! *Sorriu-me… Como eu era feliz*! Pensei: *Mas não o direi a ninguém, pois minha felicidade desapareceria.* Depois, sem esforço algum, baixei os olhos e reconheci minha querida Maria! Ela me olhava com amor, apresentava-se muito comovida e parecia até duvidar do grande favor que eu acabava de receber.

Era a ela, à sua comovente oração, que eu devia a graça inefável *do sorriso da Virgem Santíssima*! Ao ver meu olhar fixo na estátua, ela dizia para si mesma: "Teresa está curada!" Sim, a *florzinha* haveria de renascer para a vida, um raio luminoso de seu *doce sol* a havia reaquecido e livrado para sempre de seu cruel inimigo! "*Eis que o inverno já passou, passaram as chuvas e se foram*" (Ct 2,11), e a flor da Virgem Maria fortaleceu-se de tal modo que, cinco anos mais tarde, ela desabrochava na fértil montanha do Carmelo.

Como já disse, Maria estava convicta de que, ao restituir-me a saúde, a Santíssima Virgem havia me concedido alguma graça oculta; assim, quando estive a sós com ela, não consegui resistir às suas perguntas tão ternas, tão prementes. Admirada por ver meu segredo descoberto sem que eu tivesse dito uma palavra, confiei-lhe tudo. Mas ai! eu não estava enganada, minha felicidade haveria de desaparecer e transformar-se em amargura. Durante quatro anos, a recordação dessa graça inefável tornou-se para mim uma verdadeira angústia de alma; e não consegui reencontrar minha felicidade senão aos pés de Nossa Senhora das Vitórias, em seu bendito santuário. Lá ela me foi restituída em toda a sua plenitude; mais tarde, falarei dessa segunda graça.

Eis como minha alegria transformou-se em tristeza:

Tendo ouvido a narração ingênua e sincera de *minha graça*, Maria pediu-me a permissão para contar tudo no Carmelo; eu não lhe podia recusar. Na minha primeira visita a este Carmelo bendito, enchi-me de alegria ao ver minha querida Paulina com o hábito da Santíssima Virgem. Foram deliciosos instantes para ambas! Havia muitas coisas a nos dizer! Havíamos sofrido tanto! Eu mal podia falar, meu coração estava demasiado cheio...

Vós estáveis lá, minha amada Madre, e me cumulastes de muitos sinais de afeição. Vi também outras religiosas, e deveis recordar-vos que elas me perguntaram sobre o milagre de minha cura: umas me perguntaram se a Santíssima Virgem trazia o Menino Jesus; outras, se os anjos a acompanhavam etc. Todas essas perguntas me perturbaram e me fizeram sofrer; eu só podia responder uma coisa: "A Santíssima Virgem parecia-me muito bela; vi-a aproximar-se de mim e me sorrir".

Percebendo que as carmelitas imaginavam bem outra coisa, pensei ter mentido. Ah! se tivesse guardado o meu segredo, teria conservado também minha felicidade. Mas a Virgem Maria permitiu esse tormento para o bem de minha alma; sem isso, talvez a vaidade ter-se-ia aninhado em meu coração; agora, porém, que a humilhação se tornou meu quinhão, não posso olhar para mim sem um sentimento de profundo horror. Meu Deus, só Vós sabeis quanto sofri!

4
Primeira comunhão – Confirmação – Luzes e trevas – Nova separação – Graciosa libertação de suas penas interiores

Ó Deus, Tu és um outro eu, meu confidente e meu amigo, juntos partilhamos uma doce intimidade (Sl 55).

Ao narrar essa visita ao Carmelo, recordo-me da primeira visita que fiz após a entrada de Paulina. Na manhã daquele radioso dia, perguntei-me que nome me seria dado mais tarde. Sabia que lá já existia uma Irmã Teresa de Jesus; de qualquer modo, considerava que não podia ser-me tirado o belo nome de Teresa. De repente, pensei no pequeno Jesus, que eu tanto amava, e disse para mim mesma: *Oh! eu ficaria muito feliz se me chamassem Teresa do Menino Jesus!* Todavia, minha venerada Madre, não me atrevi a manifestar esse desejo; e eis que no meio de nossa conversa me dissestes: "Quando vier a fazer parte de nossa comunidade, minha querida filhinha, receberá o nome de Teresa do Menino Jesus!" Minha alegria foi imensa;

e nessa feliz coincidência de pensamentos parece-me ver uma delicadeza do meu amado Menino Jesus.

Ainda não falei de meu amor pelas imagens e pela leitura; e, contudo, devo às belas imagens que Paulina me mostrava uma das mais doces alegrias e das mais fortes impressões que me levaram à prática da virtude. Quando as contemplava, esquecia as horas. Por exemplo, "a florzinha do divino Prisioneiro" dizia-me tantas coisas, que eu ficava arrebatada numa espécie de êxtase; eu me oferecia a Jesus para ser sua florzinha, queria consolá-lo, aproximar-me muito do tabernáculo, ser vista, cultivada e colhida por Ele.

Como eu não sabia brincar, teria passado minha vida a ler. Felizmente, para me guiar, eu tinha anjos visíveis que me escolhiam livros ao alcance de minha idade, capazes de me recrear e, ao mesmo tempo, alimentar meu espírito e meu coração. Para essa distração predileta, eu devia tomar um tempo bastante limitado, e isso, muitas vezes, era ocasião de grandes sacrifícios; pois, já que a hora passava depressa, considerava um dever interromper imediatamente, mesmo que estivesse no ponto mais interessante.

Quanto à impressão produzida por tais leituras, devo confessar que, lendo certos relatos cavalheirescos, nem sempre eu compreendia o lado positivo da vida. É assim que, admirando as ações patrióticas das heroínas francesas, particularmente da Venerável Joana d'Arc, eu sentia o grande desejo de imitá-las. Foi então que recebi uma graça que sempre considerei como uma das maiores de minha vida; pois, nessa idade, eu não era favorecida por luzes do alto como sou hoje.

Jesus me fez compreender que a verdadeira, a única glória é aquela que durará para sempre; que, para lá chegar, não é necessário realizar obras extraordinárias, mas antes esconder-se aos olhos dos outros e de si mesmo, de sorte que a mão esquerda não saiba o que faz a direita. Pensando, então, que eu nascera para a glória, e procurando o meio de lá chegar, foi-

-me revelado interiormente que minha glória não haveria de brilhar aos olhos dos mortais, mas consistiria em tornar-me uma santa.

Tal desejo poderia parecer temerário, se considerarmos quanto eu era imperfeita e quanto ainda o sou, após tantos anos passados na vida religiosa; todavia, sinto sempre a mesma audaciosa confiança de me tornar uma *grande santa*. Não conto com meus méritos, pois não tenho nenhum; mas espero naquele que é a Virtude, a própria Santidade. Somente Ele, que se contenta com meus fracos esforços, elevar-me-á, cobrir-me-á com seus méritos e me fará santa. Então, eu nem pensava que era necessário sofrer muito para chegar à santidade; e o bom Deus não tardou a revelar-me esse segredo pelas provações acima referidas.

Retomo agora o meu relato, no ponto em que o deixei.

Três meses após o restabelecimento de minha saúde, meu pai concedeu-me uma agradável viagem; foi então que comecei a conhecer o mundo. Tudo era alegria e felicidade ao meu redor; eu era festejada, acarinhada, admirada; em suma, durante quinze dias minha vida foi semeada só de flores. Com razão, diz a Sabedoria que "o fascínio das frivolidades seduz até o espírito afastado do mal" (Sb 4,12). Aos dez anos, o coração se deixa deslumbrar com facilidade; e confesso que esse tipo de vida teve encantos para mim. Mas ai! como o mundo sabe aliar muito bem as alegrias da terra com o serviço de Deus! Como não pensa na morte!

E, no entanto, a morte veio visitar grande número de pessoas que então conheci, jovens, ricas e felizes! Gosto de voltar, com o pensamento, aos lugares encantadores em que elas viveram, para perguntar-me onde estão agora, o que lhes aproveitam hoje os castelos e os parques onde os vi gozar das comodidades da vida. E penso que "tudo é vaidade sobre a terra (Ecl 1,2), exceto amar a Deus e só a Ele servir[5]".

5. *Imitação de Cristo*, livro I, cap. 1,3.

Talvez Jesus queria fazer-me conhecer o mundo antes de sua primeira visita à minha alma, a fim de me deixar escolher com mais segurança o caminho que eu devia prometer-lhe seguir.

Minha primeira comunhão há de permanecer sempre em minha memória como uma recordação sem nuvens. Creio que não podia ter melhores disposições. Lembrais-vos, minha Madre, do encantador livrinho que me destes, três meses antes do grande dia? Foi um agradável meio que me preparou de maneira seguida e rápida. Se há muito tempo eu andava pensando na minha primeira comunhão, era necessário, contudo, dar ao meu coração um novo impulso e enchê-lo de novas flores, como era indicado no precioso manuscrito. Por isso, eu fazia todos os dias um grande número de sacrifícios e atos de amor, que se transformavam em outras tantas flores: ora em violetas, ora em rosas; e também em boninas, margaridas e miosótis; numa palavra, todas as flores da natureza deviam formar em mim o berço de Jesus.

Além disso, eu tinha Maria, que, para mim, ocupava o lugar de Paulina. Todas as tardes, eu permanecia muito tempo junto a ela, ávida de ouvir suas palavras; que coisas belas me dizia! Parecia-me que todo o seu coração, tão grande e tão generoso, passava para mim. Como os antigos guerreiros ensinavam a seus filhos o manejo das armas, assim ensinava-me ela o combate da vida, despertando meu ardor e mostrando-me a palma gloriosa. Falava-me também das riquezas imortais, que dia após dia facilmente se entesouram, do perigo de calcá-las aos pés quando bastaria, por assim dizer, inclinar-se para recolhê-las.

Como era eloquente essa irmã querida! Quisera não estar sozinha a ouvir seus profundos ensinamentos; na minha ingenuidade, cria que os maiores pecadores converter-se-iam se a ouvissem e que, deixando suas perecíveis riquezas, procurariam unicamente conquistar as riquezas do céu.

Nessa época, ter-me-ia sido muito doce fazer a oração; Maria, porém, considerando-me bastante piedosa, permitia-me somente orações vocais. Um dia, na Abadia, uma de minhas mestras perguntou-me quais eram minhas ocupações nos dias de folga, quando eu permanecia nos Buissonnets. Timidamente, respondi: "Senhora, com frequência, vou esconder-me num pequeno espaço vazio do meu quarto, que é fácil fechá-lo com as cortinas do meu leito, e lá, *eu penso*...". "Mas pensa em quê?", disse-me rindo a boa religiosa. "Penso no bom Deus, na brevidade da vida, na eternidade; enfim, *eu penso*!" Essa reflexão não foi perdida e, mais tarde, minha mestra gostava de recordar-me o tempo em que *eu pensava* e me perguntava se *eu ainda pensava*... Hoje compreendo que eu fazia uma verdadeira oração, com a qual o divino Mestre instruía suavemente meu coração.

Os três meses de preparação para minha primeira comunhão passaram depressa; logo tive de entrar em retiro e, durante esse tempo, permanecer sempre no colégio. Ah! que retiro abençoado! Creio que não se pode gozar de semelhante alegria em outro lugar, senão nas comunidades religiosas: o número de crianças era pequeno, sendo muito fácil ocupar-se de cada um individualmente. Sim, com um reconhecimento filial, eu escrevi: nossas mestras da Abadia dispensavam-nos, então, cuidados verdadeiramente maternais. Não sei bem o motivo, mas percebi que elas atendiam mais a mim do que a minhas companheiras.

Todas as noites, a primeira mestra vinha com sua pequena lanterna abrir suavemente as cortinas do meu leito e, com carinho, dava-me um beijo na fronte. Ela me manifestava tamanha afeição, que, tocada por sua bondade, disse-lhe uma noite: "Senhora, amo-a tanto, que vou confiar-lhe meu grande segredo". Tirando, então, com ares de mistério, o precioso livrinho do Carmelo, escondido sob meu travesseiro, mostrei-o a ela com os olhos brilhantes de alegria. Ela o abriu delicadamente, folheou-o com atenção e me fez notar quanto eu era privilegiada.

De fato, muitas vezes, durante meu retiro, percebi que muito poucas crianças, órfãs de mãe como eu, eram mimadas como eu fui naquela idade.

Prestava muita atenção às instruções do Rev.º Padre Domin e, diligente, fazia delas um resumo. Quanto aos meus pensamentos, não quis escrever nenhum deles, pensando que os recordaria facilmente; e isso de fato aconteceu.

Com que felicidade eu participava de todos os ofícios como as religiosas! Eu me destacava em meio às minhas pequenas companheiras pelo grande crucifixo, recebido de minha querida Leônia; trazia-o sempre à cintura, a modo dos missionários, o que fez alguns pensarem que, assim, eu queria imitar minha irmã carmelita. E, efetivamente, para ela fugiam, com frequência, os meus pensamentos e o meu coração! Sabia que também ela estava em retiro; é verdade, não para que Jesus se entregasse a ela, mas para que ela se consagrasse totalmente a Jesus, e isso justo no dia de minha primeira comunhão. Tal solidão passada à espera foi para mim, portanto, duplamente querida.

Enfim raiou para mim o mais belo de todos os dias de minha vida! Que inefáveis lembranças deixaram em minha alma os menores detalhes dessas horas de céu! O festivo despertar da aurora, os respeitosos e ternos beijos das mestras e das companheiras de mais idade, o quarto de vestir-se repleto *de níveos flocos*, de que cada criança era revestida por sua vez e, sobretudo, a entrada na capela ao canto do hino matinal:

Ó santo altar que os anjos rodeiam!

Mas não quero nem poderia dizer tudo... Existem coisas que perdem seu perfume quando são expostas ao ar; há pensamentos íntimos que não podem ser traduzidos numa linguagem terrena sem perder logo seu sentido profundo e celeste.

Como foi doce o primeiro beijo de Jesus à minha alma! Sim, foi um beijo de amor! Sentia-me amada e também eu dizia: "Eu vos amo e a Vós me entrego para sempre!" Jesus não me fez pedido algum e nenhum sacrifício me exigiu. Há muito tempo já, Ele e Teresinha haviam-se visto e compreendido... Naquele dia, nosso encontro já não podia chamar-se de simples olhar, mas de *fusão*. Já não éramos dois: Teresa desaparecera como a gota de água que se perde no seio do oceano e só restou Jesus; Ele era o Mestre, o Rei! Tereza não lhe havia pedido que tomasse sua liberdade? A liberdade causava-lhe medo; sentia-se tão fraca, tão frágil, que queria unir-se à Força divina para sempre.

E eis que sua alegria se tornou tão grande, tão profunda, que ela não a pôde conter. Logo deliciosas lágrimas a inundaram, para grande espanto de suas companheiras, que, depois, diziam entre si: "Por que é que ela chorou? Teria ela tido uma inquietação de consciência?" "Não, era antes por não ter junto a si a mãe ou sua irmã carmelita que tanto ama!" E ninguém compreendia que este coração exilado, fraco e mortal, não pode suportar toda a alegria que lhe vem do céu sem derramar lágrimas...

Como a ausência de minha mãe haveria de entristecer-me no dia de minha primeira comunhão? Já que o céu habitava em minha alma: recebendo a visita de Jesus, eu recebia também a de minha mãe querida... Tão pouco chorava pela ausência de Paulina; nós estávamos mais unidas do que nunca! Não, repito-o, só a alegria, inefável, profunda, enchia meu coração.

Após o almoço, em nome de minhas companheiras, pronunciei o ato de Consagração a Nossa Senhora. Minhas mestras escolheram-me, sem dúvida, porque fui privada muito jovem da minha mãe da terra. Ah! foi com todas as veras do meu coração que me consagrei à Virgem Maria, pedindo-lhe que velasse por mim! E creio que ela olhou para sua *florzinha* com amor e lhe sorriu novamente. Recordava-me de seu *visível* sorriso que outrora me havia curado e libertado; sabia perfeitamente o que eu lhe devia! Não viera ela própria, na manhã desse dia 8 de maio, depositar no cálice de minha alma o seu Jesus, *a Flor dos campos e o Lírio dos vales*? (Ct 11,1).

À tarde desse belo dia, papai, tomando a mão de sua pequena rainha, dirigiu-se ao Carmelo; vi minha Paulina, que se tornara esposa de Jesus: vi-a com seu véu branco como o meu e sua coroa de rosas. Minha alegria foi total; espero unir-me a ela em breve e aguardar o céu a seu lado...

Sensibilizou-me a festa de família preparada nos Buissonnets. O belo relógio que meu pai me deu causou-me imenso prazer; contudo, minha felicidade era tranquila, e nada podia perturbar minha paz interior. Enfim a noite veio fechar aquela bela tarde, já que também os dias mais radiosos são seguidos de trevas: somente o dia da primeira, da eterna comunhão da pátria será sem ocaso!

O dia seguinte ficou coberto aos meus olhos por um certo véu de melancolia. Os belos enfeites, os presentes que recebi não enchiam meu coração! Doravante, só Jesus podia contentar-me, e eu suspirava unicamente pelo feliz momento em que o receberia pela segunda vez. Fiz essa segunda comunhão no dia da Ascensão, e tive a felicidade de ajoelhar-me à Mesa sagrada entre meu pai e minha querida Maria. Minhas lágrimas rolaram outra vez com uma inefável doçura; recordava e repetia sem cessar as palavras de São Paulo: "Já não sou eu que vivo, é Cristo que vive em mim!" (Gl 2,20). Depois dessa segunda visita de Nosso Senhor, só desejava recebê-lo de novo. Infelizmente, porém, as festas pareciam-me bem distantes umas das outras!...

Na véspera desses felizes dias, Maria preparava-me como fez na minha primeira comunhão. Uma vez, bem me recordo, ela me falou do sofrimento, dizendo que em vez de me fazer andar por esse caminho, o bom Deus, sem dúvida, levar-me-ia sempre nos braços como uma criancinha. Tais palavras vieram-me ao espírito após a comunhão do dia seguinte, e meu coração inflamou-se de um ardente desejo de sofrer, na íntima certeza de que me seria reservado um grande número de cruzes. Então, minha alma foi inundada de tais consolações como jamais as tive em toda a minha vida. O sofrimento tornou-se um atrativo, e nele encontrava encantos que me arrebatavam, embora ainda não os conhecesse bem.

Senti também outro grande desejo: o de amar somente o bom Deus, de apenas nele achar alegria. Durante minhas ações de graças, com frequência, eu repetia a passagem da Imitação: "Ó Jesus, doçura inefável, convertei-me em amargura todas as consolações da terra"[6]. Essas palavras saíam de meus lábios sem esforço; pronunciava-as como uma criança que, sem compreender, repete aquilo que uma pessoa amiga lhe inspira. Mais tarde, minha Madre, dir-vos-ei como aprouve a Nosso Senhor realizar meu desejo; como só Ele foi sempre minha doçura inefável. Se vos falasse disso agora, deveria como que antecipar minha vida de jovem; e ainda tenho muitos detalhes de minha meninice a vos narrar

Pouco tempo depois de minha primeira comunhão, iniciei novamente um retiro para minha Confirmação. Preparei-me com muito cuidado para a visita do Espírito Santo; não conseguia compreender que não se desse grande atenção à recepção de tal sacramento de amor. Como a cerimônia não se realizou no dia marcado, tive o consolo de prolongar um pouco minha solidão. Ah! quão feliz estava a minha alma! Como os Apóstolos eu aguardava com ansiedade o Consolador prometido e já me alegrava, pois logo seria uma cristã perfeita e teria na fronte, gravada para sempre, a misteriosa cruz desse inefável sacramento.

Não senti o vento impetuoso do primeiro Pentecostes; foi antes a *brisa leve* que o Profeta Elias percebeu no murmúrio na montanha do Horeb. Nesse dia, recebi *a força* de sofrer, força que me era muito necessária, porque, pouco depois, começaria o martírio de minha alma.

Findas essas deliciosas e inolvidáveis festas, tive de retomar minha vida de colégio. Conseguia ir bem nos meus estudos e retinha facilmente o sentido das coisas; tinha apenas uma

---

6. *Imitação de Cristo*, livro III, cap. 26,3.

dificuldade imensa em decorar as lições palavra por palavra. Todavia, no catecismo, meus esforços foram coroados de pleno êxito. Nosso Capelão chamava-me de sua *doutorazinha*[7], com certeza por causa do meu nome, Teresa.

Durante os recreios, muitas vezes eu me divertia olhando de longe as alegres brincadeiras de minhas colegas, ocupando-me em sérias reflexões. Era minha distração favorita. Inventei também um jogo que me agradava muito: com cuidado, procurava sob as grandes árvores os pobres passarinhos caídos mortos e dava-lhes *honrosa* sepultura, todas no mesmo cemitério, à sombra do mesmo relvado. Outras vezes eu contava histórias e, com frequência, até alunas maiores uniam-se a minhas ouvintes; mas logo nossa sábia mestra proibia-me de continuar meu ofício de orador, porque queria ver-nos *correndo*, e não *discorrendo*.

Naquele tempo, escolhi por amigas duas meninas de minha idade; mas como é acanhado o coração das criaturas! Uma delas foi obrigada a voltar para a casa de sua família por alguns meses; durante sua ausência, cuidei de não a esquecer e manifestei grande alegria ao revê-la. Mas que pena! Consegui apenas um olhar indiferente! Minha amizade era incompreendida; senti isso vivamente e, daquele dia em diante, nunca mais mendiguei uma afeição tão inconstante. Entretanto o bom Deus deu-me um coração tão fiel, que, depois que ele amou, ama sempre; inclusive, continuo a rezar por essa companheira e ainda a amo.

Vendo que muitas alunas se apegavam particularmente a uma das mestras, eu quis imitá-las. Mas não consegui. Ó feliz incapacidade! Evitou-me grandes males! Quanto agradeço ao Senhor, que me fez encontrar só amargura nas amizades terrenas! Com um coração como o meu, eu me teria

---

7. No francês o trocadilho alude à proximidade entre "doctoresse" (não usual hoje em dia, sendo preferido "une docteur") e "Thérèse" (nome de Santa Teresinha em francês).

deixado cativar e cortar as asas; como poderia então "*voar e descansar?*" (Sl 54,7). Como pode unir-se intimamente a Deus um coração entregue à afeição humana? Sinto que isso não é possível. Vi muitas almas, seduzidas por essa falsa luz, precipitarem-se como pobres mariposas sobre ela e ali queimar as asas e depois voltar feridas a Jesus, o fogo divino que queima sem consumir!

Ah! sei, Nosso Senhor considerava-me demasiado fraca para expor-me à tentação; sem dúvida, ter-me-ia queimado inteiramente pela enganosa luz das criaturas: mas ela não brilhou a meus olhos. Lá onde almas fortes encontram alegria e dela se desapegam pela fidelidade, eu só encontrei contrariedades. Onde está, pois, meu mérito por não me ter livrado desses ataques frágeis, já que fui preservada somente pelo doce efeito da misericórdia de Deus? Sem Ele, reconheço que também eu teria podido cair tanto quanto Santa Madalena; e a profunda palavra do divino Mestre a Simão, o fariseu, ressoa na minha alma com grande doçura. Sim, tenho certeza de que "*aquele a quem pouco se perdoa, pouco ama*" (Lc 7,47). Mas sei também que Jesus me perdoou mais do que à Santa Madalena. Tomara que eu possa expressar o que sinto! Eis ao menos um exemplo que, de algum modo, traduzirá meu pensamento:

Suponhamos que o filho de um hábil médico encontre em seu caminho uma pedra que o faça cair e lhe quebre um membro. O pai chega prontamente, levanta-o com amor, trata de suas feridas, e para isso emprega todos os recursos da arte; e logo o filho, completamente curado, manifesta-lhe seu reconhecimento. Sem dúvida, esse filho tem razões para amar um pai tão bom; mas eis outra suposição:

Tendo sabido que no caminho de seu filho existe uma pedra perigosa, o pai toma a dianteira e retira a pedra sem ser visto por ninguém. Certamente, o filho, objeto de sua previdente ternura, ignorando a infelicidade de que foi preservado pela mão paterna, não lhe manifesta reconhecimento algum, e o amará menos do que se o tivesse curado de um ferimento mortal. Porém, se vier a saber de tudo o que se passou, não o amará mais ainda? Pois bem, eu sou essa criança, objeto do amor previdente de um Pai "*que não enviou seu Filho para converter os justos, mas os pecadores*" (Lc 5,32). Quer que eu o ame, porque não me perdoou *muito*, mas *tudo*. Sem esperar que eu o ame muito, como Santa Madalena, Ele me fez saber como me amou com um amor de inefável previdência, a fim de que agora *eu o ame até a loucura*!

Durante os retiros e alhures, tenho ouvido muitas vezes que não foi encontrada uma alma pura que amasse mais do que uma alma arrependida. Como gostaria de desmentir essa palavra!

Mas estou bem longe do meu assunto e já não sei bem onde hei de retomá-lo.

Foi durante meu retiro para a segunda comunhão que me vi assaltada pela terrível doença dos escrúpulos. É preciso ter passado por esse martírio para compreendê-lo. Ser-me-ia impossível dizer o que sofri durante quase dois anos! Todos os meus pensamentos e minhas mais simples ações tornavam-se para mim assunto de perturbação e de angústia. Não tinha sossego enquanto não confiasse tudo a Maria, o que me custava muito, pois julgava-me obrigada a revelar-lhe absolutamente todos os meus pensamentos, por mais extravagantes que fossem. Assim que eu depunha meu peso, provava um instante de paz; mas essa paz passava como um raio, e meu martírio recomeçava! Meu Deus, quantos atos de paciência não terei causado à minha irmã querida!

Nas férias daquele ano fomos passar quinze dias à beira do mar. Minha tia, sempre tão boa, tão maternal por suas filhinhas dos Buissonnets, proporcionava-lhes todos os divertimentos imagináveis: passeios em burros, pesca de enguias etc. Esmerava-se até em nosso vestuário. Recordo-me que um dia ela me deu fitas azul-celeste. Eu era ainda tão criança, apesar de meus doze anos e meio, que sentia prazer ao amarrar meus cabelos com fitas tão belas. Depois, tive tanto escrúpulo que me confessei, em Trouville mesmo, desse prazer infantil que me parecia ser um pecado.

Lá fiz uma experiência muito proveitosa:

Minha prima Maria tinha enxaquecas com frequência; nessas ocasiões, minha tia a acariciava, dizia-lhe os nomes mais ternos, sem jamais obter outro resultado senão lágrimas, com a invariável queixa: "Estou com dor de cabeça!" Eu, que também tinha dor de cabeça quase todos os dias, e não me queixava, uma tarde quis imitar Maria. Sentei-me numa poltrona a um canto da sala e pus-me a choramingar. Minha prima Joana, a quem eu amava muito, logo me acudiu; veio também minha tia e perguntou-me pela causa de minhas lágrimas. Respondi como Maria:

"Estou com dor de cabeça!"

Mas parece que eu não tinha muito jeito para lamúrias: jamais consegui fazer crer que essa dor de cabeça me fazia chorar. Em vez de me afagar, como fazia habitualmente, minha tia falou-me como a uma pessoa adulta. Joana até me censurou, embora com doçura, com ares de compaixão, por falta de confiança e de simplicidade em relação à minha tia, não lhe revelando a verdadeira causa de minhas lágrimas, que ela imaginava ser um grande escrúpulo.

Finalmente, safei-me a minhas custas, muito resolvida a nunca mais imitar os outros, e compreendi a fábula *do jumento e do cachorrinho*. Eu era o jumento que, vendo os carinhos feitos ao cachorrinho, pôs sua pesada pata sobre a mesa para receber também sua parte de beijos. Embora não tenha sido repelida a golpes de bastão como o pobre animal, paguei tudo na mesma moeda, e essa paga curou-me para sempre do desejo de chamar a atenção sobre mim.

Volto à minha grande provação dos escrúpulos. Ela acabou por me tornar doente, e os meus viram-se na obrigação de retirar-me do colégio desde a idade de treze anos. Para terminar minha educação, meu pai levava-me, várias vezes por semana, à casa de uma respeitável senhora, de quem recebia excelentes lições. Tais lições tinham a dupla vantagem de me instruir e de aproximar-me do mundo.

Naquele quarto mobiliado à antiga, cheio de livros e cadeiras, muitas vezes eu assistia a numerosas visitas. Sempre que possível, a mãe de minha professora tomava parte na conversa; entretanto, naqueles dias, eu não aprendia lá grandes coisas. Com o nariz colado ao livro, eu ouvia tudo, inclusive aquilo que melhor seria não ouvir. Uma senhora dizia que eu tinha cabelos lindos; outra, ao se despedir, perguntava quem era aquela menina tão bonita. E tais palavras, muito mais enganadoras porque não eram pronunciadas na minha presença, deixavam-me uma impressão de prazer que me mostrava claramente como eu estava cheia de amor-próprio.

Como tenho compaixão das almas que se perdem! É tão fácil extraviar-se nas sendas floridas do mundo! Sem dúvida, a uma alma um pouco elevada, a doçura que Ele oferece está misturada à amargura, e o imenso vazio dos desejos não poderá ser enchido por louvores efêmeros; mas, repito, o que me teria eu tornado se meu coração não tivesse sido elevado para Deus desde seu primeiro despertar, se o mundo me tivesse sorrido desde minha entrada na vida? Ó minha venerada Madre, com quanto reconhecimento canto as misericórdias do Senhor! Segundo uma palavra da Sabedoria, não me "*arrebatou do mundo para que a malícia não me pervertesse a consciência, nem a perfídia me seduzisse a alma*"? (Sb 4,11).

Entretanto, resolvi consagrar-me muito particularmente à Virgem Santíssima, solicitando minha admissão entre as Filhas de Maria; para isso, tive de voltar duas vezes por semana ao convento, o que me custou um pouco, confesso, por causa de minha grande timidez. É verdade, eu amava muito minhas boas mestras e lhes terei sempre um vivo reconhecimento; mas, já o disse, eu não tinha, como as outras alunas mais antigas, uma mestra particularmente amiga, com a qual ter-me-

-ia sido possível passar muitas horas. Então, eu trabalhava em silêncio até o fim da lição de trabalho; e, já que ninguém se preocupava comigo, eu subia à tribuna da capela até a hora em que meu pai vinha me buscar.

Eu considerava essa visita silenciosa meu único consolo. Jesus não era meu único Amigo? Eu sabia falar somente com Ele; as conversas com as criaturas, mesmo as conversas piedosas, fatigavam-me a alma. É verdade, nesses abandonos, eu tinha muitos momentos de tristeza e recordo-me que, com frequência então, eu repetia com prazer as palavras de uma linda poesia que meu pai nos recitava:

O tempo é teu navio, e não tua morada.

Pequeninha ainda, essas palavras infundiam-me coragem. E ainda agora, apesar dos anos que fazem desaparecer tantas impressões de piedade infantil, a imagem do navio encanta sempre minha alma e a ajuda a suportar o exílio. A Sabedoria não diz também que "a vida é como o navio que corta as ondas agitadas, sem que se possa encontrar vestígio de sua passagem"? (Sb 5,10).

Quando penso nessas coisas, meu olhar inclina-se para o infinito; parece-me já tocar a praia eterna! Parece-me receber os abraços de Jesus... Creio ver a Virgem Maria vindo ao meu encontro com meu pai, minha mãe, os anjinhos meus irmãos e irmãs! Enfim, creio gozar, para sempre, da verdadeira, da eterna vida de família!

Porém, antes de me ver sentada no lar paterno dos céus, deveria sofrer ainda muitas separações sobre a terra. No ano em que fui recebida como Filha de Santa Virgem, ela me arrebatou minha querida Maria[8], o único amparo de minha alma. Após a partida de Paulina, ela era meu único oráculo, e eu a amava tanto, que não podia viver sem sua doce companhia.

---

8. Ela entrou para o Carmelo de Lisieux a 15 de outubro de 1886 e tomou o nome de *Irmã Maria do Sagrado Coração.*

Assim que soube de sua determinação, resolvi não procurar nenhum prazer neste mundo; não saberia dizer quantas lágrimas derramei! Aliás, chorar era meu hábito naquele tempo: chorava não somente nas grandes ocasiões, mas também nas menores. Eis alguns exemplos:

Eu tinha um grande desejo de praticar a virtude, mas recorria a meios singulares: ainda não estava habituada a me servir; Celina arrumava o nosso quarto, e eu não me ocupava de nenhum trabalho caseiro. Algumas vezes, pelo desejo de agradar ao bom Deus, acontecia-me de arrumar a cama ou, à tardinha, recolher as mudas e os vasos de flores, quando Celina estava ausente. Como disse, era unicamente pelo bom Deus que eu fazia tais coisas; por isso, não esperava o agradecimento das criaturas. Mas ai! acontecia coisa bem diversa; se Celina tivesse a infelicidade de não se apresentar alegre e surpreendida por meus pequenos serviços, eu não ficava contente e mostrava-lhe isso com minhas lágrimas.

Se me acontecia de magoar alguém involuntariamente, em vez de ir adiante, eu me entristecia a ponto de ficar doente, o que mais aumentava a minha falta do que a reparava; e, quando começava a consolar-me da falta em si, chorava por ter chorado.

De verdade, eu me afligia com tudo! Justo o contrário do que é hoje; o bom Deus deu-me a graça de não me abater por alguma coisa passageira. Quando me lembro do passado, minha alma transborda de reconhecimento; em troca dos favores que recebi do céu, operou-se tal mudança em mim, que nem eu me reconheço.

Quando Maria entrou para o Carmelo, eu já não podia confiar-lhe meus tormentos; voltei-me, então, para o lado do céu. Dirigi-me aos quatros anjinhos que lá me haviam precedido, pensando que essas almas inocentes, por não terem nunca conhecido a perturbação e o temor, deviam ter piedade de sua pobre irmãzinha que sofria na terra. Falava-lhes com uma simplicidade de criança, fazendo-lhes notar que, sendo a caçula da família, eu sempre fora a mais amada, alvo dos mais ternos carinhos, tanto da parte de meus pais como de minhas irmãs; que se eles tivessem permanecido na terra, certamente ter-me-iam dado as mesmas provas de afeto. O fato de terem passado para o céu não me parecia motivo de me esquecerem; ao contrário, encontrando-se na posse dos tesouros divinos, eles deviam encontrar a paz para mim e mostrar-me que lá ainda se sabe amar.

A resposta não se fez esperar; logo a paz veio inundar minha alma com suas deliciosas ondas. Portanto, eu era amada não só na terra mas também no céu! Depois disso, cresceu minha devoção por meus irmãozinhos e irmãzinhas do paraíso. Gostava de entreter-me com eles, falar-lhes das tristezas do exílio e de meu desejo de, em breve, unir-me a eles na pátria eterna.

5
A graça do Natal – Zelo das almas – Primeira conquista – Doce intimidade com sua irmã Celina – Obtém de seu pai a permissão de entrar para o Carmelo aos quinze anos – Recusa do Superior – Apela para Monsenhor Hugonin, Bispo de Bayeux

Tudo o que pedirdes a meu Pai em meu nome, Ele vo-lo dará (Jo 16,23).

Ainda que o céu me cumulasse de graças, eu estava longe de merecê-las. Eu tinha o tempo todo um ardente desejo de praticar a virtude; mas quantas imperfeições misturavam-se a meus atos! Minha extrema sensibilidade tornava-me verdadeiramente insuportável; todas as ponderações eram inúteis, eu não conseguia corrigir-me desse vil defeito.

Como ousava, então, alimentar esperanças de em breve entrar para o Carmelo? Para fazer-me crescer num momento era necessário um milagrezinho; e o tão desejado milagre, realizou-o o bom Deus no inolvidável dia 25 de dezembro de 1886. Nessa festa do Natal, nessa noite abençoada, Jesus, o doce Menino de uma hora, mudou a noite de minha alma em torrentes de luz. Fazendo-se fraco e pequeno por meu amor, tornou-me forte e corajosa; revestiu-me de suas armas, e depois avancei de vitória em vitória, começando por assim dizer *uma corrida de gigante*. Fechou-se a fonte de minhas lágrimas e só rara e dificilmente tornou a se abrir.

Dir-vos-ei agora, minha Madre, em que circunstância recebi esta graça inestimável de minha completa conversão:

Regressando aos Buissonnets, após a missa da meia-noite, sabia encontrar na chaminé, como nos dias de minha infância, os meus sapatos cheios de presentes – isso prova que, até lá, minhas irmãs me tratavam como uma criancinha. Até papai gostava de ver minha felicidade, ouvir meus gritos de alegria quando eu tirava cada nova surpresa dos sapatos encantados, e sua satisfação aumentava o meu prazer. Mas chegou a hora em que Jesus queria livrar-me dos defeitos da infância e retirar-me as inocentes alegrias. Ele permitiu que meu pai, contra seu costume de me acarinhar em todas as circunstâncias, dessa vez experimentasse certo enfado. Subindo para o meu quarto, ouvi-o pronunciar estas palavras que me despedaçaram o coração: "Para uma moça como Teresa é uma surpresa demasiado infantil; espero que este seja o último ano".

Celina, conhecendo minha extrema sensibilidade, disse-me baixinho: "Não desças logo, espera um pouco; chorarias demais vendo as surpresas diante do papai". Mas Teresa não era mais a mesma... Jesus transformara-lhe o coração!

Reprimindo as lágrimas, desci rapidamente para a sala de jantar e, segurando os batimentos do meu coração, peguei meus sapatos, coloquei-os diante de meu pai e tirei *alegremente* os objetos, com o ar feliz de uma rainha. Papai ria, e em seu rosto já não aparecia sinal algum de contrariedade, tanto que

Celina cria estar sonhando! Felizmente era uma doce realidade: a Teresinha acabava de reencontrar para sempre sua força de alma, outrora perdida na idade de quatro anos e meio.

Portanto, nessa noite luminosa iniciou o terceiro período de minha vida, o mais belo de todos, o mais cheio de graças do céu. Num instante, a obra que eu não havia podido fazer em vários anos, Jesus a realizou, contentando-se com minha boa vontade. Como os Apóstolos, eu podia dizer: "*Senhor, pesquei a noite toda e nada apanhei*" (Lc 5,5). Ainda mais misericordioso comigo do que o foi com seus discípulos, *o próprio Jesus tomou a rede*, lançou-a e a retirou cheia de peixes; e fez de mim *um pescador de almas*... A caridade entrou em meu coração com a necessidade de sempre me esquecer de mim, e desde então fui feliz.

Um domingo, ao fechar meu livro no fim da missa, uma fotografia representando Nosso Senhor na cruz ficou um pouco fora das páginas, permitindo-me ver somente uma de suas mãos divinas transpassada e sangrante. Experimentei, então, um sentimento novo, inefável. Meu coração partiu-se de dor à vista desse sangue precioso que caía por terra sem que ninguém se apressasse a recolhê-lo; e resolvi deter-me continuamente em espírito ao pé da cruz, para receber o divino orvalho da salvação e, a seguir, espalhá-lo sobre as almas.

Daquele dia em diante, o brado de Jesus moribundo, "Tenho sede!", ecoava a cada instante em meu coração, para despertar nele um ardor desconhecido e muito vivo. Queria dar de beber ao meu Amado; eu própria sentia-me devorada pela sede de almas e queria, a qualquer preço, arrancar os pecadores das chamas eternas.

Para estimular meu zelo, o bom Mestre mostrou-me logo que meus desejos eram-lhe agradáveis. Ouvi falar de um grande criminoso – de nome Pranzini – condenado à morte por homicídios horríveis e cuja impenitência fazia temer uma condenação eterna. Eu quis impedir essa última e irremediável desgraça. A fim de conseguir isso, empreguei todos os meios espirituais imagináveis e, sabendo que por mim mesma nada podia fazer, ofereci em seu resgate os infinitos méritos de Nosso Senhor e os tesouros da santa Igreja.

Será preciso dizê-lo? No fundo do meu coração, eu alimentava a certeza de que seria atendida. Porém, a fim de estimular-me a continuar correndo à conquista das almas, fiz esta ingênua oração: "Meu Deus, estou certa de que perdoareis o infeliz Pranzini; minha confiança em vossa infinita misericórdia é tal que haveria de crer nisso mesmo que ele não se confessasse nem desse sinal algum de contrição. Ora, esse é meu primeiro pecador; por isso, para minha simples consolação, peço-vos somente *um sinal* de seu arrependimento".

Minha oração foi atendida ao pé da letra! Meu pai nunca nos deixava ler os jornais; todavia, não julguei estar desobedecendo quando se tratasse de passagens referentes a Pranzini. No dia seguinte ao de sua execução, abro cuidadosamente o jornal *La Croix*, e que vejo?... Ah! minhas lágrimas traíram minha emoção, e fui obrigada a fugir. Pranzini subira ao cadafalso sem confissão, sem absolvição; os verdugos já o arrastavam para o golpe fatal quando, de repente, movido por uma súbita inspiração, ele se volta, agarra um crucifixo que lhe era apresentado pelo sacerdote e *por três vezes beija as sagradas chagas*!...

Eu obtivera, pois, o sinal pedido; e esse sinal era muito doce para mim! Não fora, talvez, diante das chagas de Jesus, vendo correr seu sangue divino, que a sede das almas penetrara em meu coração? Eu queria dar-lhes a beber esse sangue imaculado, a fim de purificá-las de suas manchas; e os lábios "do meu primeiro filho" foram colar-se sobre as chagas divinas! Inefável resposta! Ah! depois dessa graça única, meu desejo de salvar as almas cresceu dia a dia; parecia-me ouvir Jesus dizer-me baixinho como à Samaritana: "*Dá-me de beber*!" (Jo 4,7). Era uma verdadeira troca de amor: às almas eu derramava o sangue de Jesus, a Jesus oferecia essas mesmas almas refrigeradas pelo orvalho do Calvário; pensava que assim lhe mataria a sede; porém, quanto mais lhe dava de beber, tanto mais aumentava a sede de minha pobre alminha, e eu recebia essa sede ardente como a mais deliciosa recompensa.

Em pouco tempo, o bom Deus levara-me para além do círculo estreito em que vivia. O grande passo, portanto, fora dado; mas ai! havia ainda um longo caminho a percorrer.

Libertado de seus escrúpulos, de sua sensibilidade excessiva, meu espírito se desenvolveu. Eu sempre amara o grande, o belo; nessa época, fui tomada por um imenso desejo de saber. Não me contentando com as lições de minha mestra, dediquei-me sozinha ao estudo de ciências especiais; e dessa forma adquiri mais conhecimentos em alguns meses somente do que durante todos os meus anos de estudos. Porém, esse zelo não seria *vaidade e aflição de espírito*?

Com minha natureza ardente, encontrava-me no ponto mais perigoso de minha vida. Mas o Senhor fez a meu respeito o que narra Ezequiel em suas profecias:

> Ele viu que chegara o tempo de eu ser amada; Ele fez aliança comigo e eu me tornei sua; Ele estendeu sobre mim o seu manto; lavou-me com perfumes preciosos; vestiu-me de roupas brilhantes, dando-me colares e perfumes de grande valor. Alimentou-me com a mais pura farinha, com mel e com óleo em abundância. Então, tornei-me bela a seus olhos e Ele fez de mim uma poderosa rainha (Ez 16,8-9.13).

Sim, Jesus fez tudo isso por mim! Eu poderia retomar cada palavra dessa inefável passagem e mostrar que ela se realizou em meu favor; mas as graças narradas acima já são uma prova suficiente; vou falar somente do alimento que o divino Mestre me prodigalizou "em abundância".

Há muito tempo, eu sustentava minha vida espiritual com "a mais pura farinha" contida na *Imitação*. Foi o único livro que me fez bem, pois ainda não havia descoberto os tesouros escondidos no santo Evangelho. Esse livrinho não me deixou nunca. Em família a gente se divertia muito, e com frequência minha tia, abrindo-o ao acaso, fazia-me recitar o capítulo que caíra sob seus olhos.

Aos catorze anos, ao meu desejo de ciência, o bom Deus achou necessário acrescentar "a mais pura farinha, o mel e o azeite em abundância". Ele me fez provar o mel e o azeite nas conferências do Padre Arminjon sobre *O fim do mundo presente e os mistérios da vida futura*. A leitura dessa obra lançou minha alma numa felicidade que não é da terra; eu já pressentia o que Deus reserva àqueles que o amam; e, vendo tais recompensas eternas tão desproporcionais aos leves sacrifícios desta vida, eu queria amar, amar a Jesus com paixão, dar-lhe mil sinais de ternura, enquanto ainda podia fazê-lo.

Sobretudo depois do Natal, Celina tornara-se a confidente íntima de meus pensamentos. Querendo fazer-nos caminhar juntas, Jesus formou em nossos corações laços mais fortes do que os do sangue. Fez de nós *irmãs de almas*.

Realizaram-se em nós as palavras de nosso Pai São João da Cruz, em seu Cântico espiritual:

> Seguindo teus passos, Jesus bem-amado,
> Fazem as jovens seu belo caminho,
> Ao toque de centelha,
> E ao temperado vinho,
> Emitindo suspiros de bálsamo divino.

Sim, muito suavemente seguíamos os passos de Jesus! As centelhas abrasadas semeadas por Ele em nossas almas, o vinho delicioso e forte que nos dava a beber faziam desaparecer de nossos olhos as coisas passageiras desta terra, e de nossos lábios brotavam aspirações repassadas de amor.

Com que doçura recordo nossas conversas de então! Todas as tardes, no belvedere, lançávamos juntas nossos olhos para o azul profundo semeado de estrelas de ouro. Quer me parecer que recebíamos graças muito especiais. Como diz a *Imitação*: "*Por vezes, Deus se comunica entre vivos resplendores; ou então, suavemente envolto em sombras e figuras*"[9]. Assim, Ele se dignava manifestar-se aos nossos corações; mas como esse véu era transparente e leve! A dúvida não era possível; já a fé e a esperança deixavam nossas almas: o amor nos fazia encontrar na terra Aquele que procurávamos. *Tendo-o encontrado totalmente só, Ele nos dera seu beijo, a fim de que ninguém, no futuro, pudesse nos menosprezar* (Ct 8,1).

Essas divinas impressões não deviam permanecer sem fruto; a prática da virtude para mim se tornou suave e natural. Inicialmente, meu rosto traía o combate; pouco a pouco, porém, a renúncia pareceu-me fácil, mesmo no primeiro instante. Disse-o Jesus: "*A todo aquele que tiver, ser-lhe-á dado e terá em abundância*" (Lc 19,26). Por uma graça fielmente recebida, concedia-me uma multidão de outras. Ele próprio dava-se a mim na sagrada comunhão com mais frequência do que eu teria ousado esperar. Eu havia tomado como norma de conduta fazer fielmente todas as comunhões permitidas por meu confessor, sem jamais pedir-lhe que lhe aumentasse o número. Hoje, porém, procederia de outra forma, pois tenho certeza de que uma alma deve dizer a seu diretor a atração que ela sente de receber o seu Deus. Afinal, não é para permanecer no cibório de ouro que Ele desce *cada dia* do céu, e sim para encontrar outro céu: o céu de nossa alma, na qual sente suas delícias.

Por isso, vendo o meu desejo, Jesus inspirava meu confessor a me permitir várias comunhões por semana; e, por virem diretamente dele, essas permissões causavam-me alegria. Naquele tempo, eu não ousava dizer nada sobre meus sentimentos interiores; o caminho pelo qual andava era tão reto, tão luminoso, que não sentia necessidade de outro guia senão Jesus. Eu comparava os diretores a espelhos fiéis a refletirem Nosso Senhor nas almas; e pensava que, para mim, o bom Deus não se servia de intermediário, mas agia diretamente.

---

9. *Imitação de Cristo*, livro III, cap. 43,4.

Quando um jardineiro cerca de cuidados um fruto que ele quer fazer amadurecer antes do tempo, certamente não é para deixá-lo suspenso à árvore, mas para apresentá-lo sobre uma mesa ricamente servida. Com semelhante intenção, Jesus prodigalizava suas graças à sua florzinha. Ele queria fazer brilhar sua misericórdia em mim: Ele que, nos dias de sua vida mortal, exclamava num transporte de alegria: "*Graças te dou, ó Pai, porque escondeste estas coisas aos sábios e aos prudentes e as revelaste aos pequeninos*" (Lc 10,21). Por eu ser pequena e fraca, Ele se inclinava para mim e, suavemente, ensinava-me os segredos de seu amor. Como diz São João da Cruz em seu Cântico da alma:

> Eu não tinha nem guia, nem luz, Exceto a que me
> brilhava no coração.
> Essa luz que me guiava
> Melhor que a do meio-dia, E onde me aguardava
> Quem bem me conhecia.

Esse lugar era o Carmelo; mas antes *de sentar-me à sombra daquele a quem tanto desejava* (Ct 2,3), eu devia ainda passar por muitas provações. Todavia, o chamado divino tornava-se tão urgente que, se me fosse necessário atravessar as chamas, nelas eu me lançaria para responder a Nosso Senhor.

Somente minha Irmã Inês de Jesus animava-me a seguir minha vocação; Maria considerava-me muito jovem, e vós, minha amada Madre, para me aprovar, sem dúvida, também tentáveis retardar meu ardor. Desde o início, só encontrei obstáculos. Por outro lado, não ousava dizer nada a Celina, e esse silêncio fazia-me sofrer muito; era-me difícil esconder-lhe alguma coisa! Mas logo essa irmã querida soube da minha determinação e, longe de procurar demover-me dela, aceitou o sacrifício com uma coragem admirável. Já que ela queria ser religiosa, deveria partir primeiro; mas como outrora os mártires davam, alegremente, o beijo de adeus a seus irmãos, escolhidos para serem os primeiros a combater na arena: assim ela me deixou partir, tomando ela própria parte nas minhas provações como se se tratasse de sua própria vocação.

Portanto, por parte de Celina, nada devia recear; o que não sabia, porém, era que caminho tomar para anunciar meus projetos ao papai. Como falar-lhe de renunciar à sua rainha, quando acabava de sacrificar a Deus suas duas filhas mais velhas? Além disso, naquele mesmo ano, nós o vimos doente de um ataque de paralisia bastante sério, do qual se restabeleceu rapidamente, é verdade, mas que não deixava de nos causar sérias apreensões para o futuro.

Ah! quantas lutas íntimas tive de enfrentar antes de falar! Todavia, era preciso me decidir: estava para completar catorze anos e meio, apenas seis meses ainda nos separavam de bela noite de Natal, e estava resolvida a entrar para o Carmelo na mesma hora em que, no ano anterior, recebera a graça da minha conversão.

Para fazer minha grande confidência escolhi a festa de Pentecostes. Durante o dia inteiro, implorei as luzes do Espírito Santo, suplicando aos Apóstolos que intercedessem por mim, que me inspirassem as palavras que iria dizer. Afinal, não eram eles que deviam ajudar a tímida criança que Deus destinava a ser o apóstolo dos apóstolos por meio da oração e do sacrifício?

À tarde, ao voltar das Vésperas, encontrei a ocasião desejada. Meu pai fora sentar-se no jardim e lá, de mãos postas, contemplava as maravilhas da natureza. O sol poente dourava com seus últimos raios a copa das grandes árvores, e os passarinhos gorjeavam sua oração da tarde.

Seu belo semblante tinha uma expressão totalmente celeste, e eu sentia que a paz inundava-lhe o coração. Sem dizer palavra, fui sentar-me a seu lado, os olhos já umedecidos de lágrimas. Olhou para mim com uma indefinível ternura, apoiou minha cabeça ao seu coração e me disse: "Que tens, minha pequena rainha? Confia-me tudo...". Em seguida, ergueu-se como que para disfarçar sua própria emoção, caminhou lentamente, apertando-me sempre ao seu coração.

Entre lágrimas, falei então do Carmelo, de meus desejos de entrar logo; e ele chorou também! Contudo, nada me disse que pudesse desviar-me da minha vocação; faz-me simplesmente notar que eu era ainda muito jovem para tomar uma determinação tão grave; e como insistisse, defendendo perfeitamente a minha causa, meu incomparável pai, com sua reta e generosa natureza, não tardou a se convencer. Continuamos por muito tempo o nosso passeio; meu coração estava desafogado, e papai já não chorava. Falou-me como um santo. Aproximando-se de um muro um pouco elevado, mostrou-me umas pequenas flores brancas, semelhantes a lírios em miniatura; e colhendo uma dessas flores, deu-ma, explicando-me com que desvelo o Senhor a havia feito desabrochar e a havia conservado até este dia.

Julgava estar ouvindo minha própria história, tão surpreendente era a semelhança entre a pequena flor e a pequena Teresa. Recebi essa florzinha como uma relíquia; notei que no ato de colhê-la, meu pai havia arrancado todas as suas raízes sem quebrá-las: parecia destinada a viver mais em outra terra mais fértil. O mesmo ato, papai acabava de fazê-lo para mim, ao me permitir trocar, pela montanha do Carmelo, o doce vale, testemunha de meus primeiros passos na vida.

Colei minha florzinha branca sobre uma imagem de Nossa Senhora das Vitórias: a Virgem santíssima lhe sorriu, e o Menino Jesus parecia segurá-la com sua mão. E ela ainda está lá, somente a haste quebrou-se muito perto da raiz. Sem dúvida, o bom Deus quererá dizer-me que logo quebrará os laços que prendem sua florzinha e não deixará que definhe sobre a terra...

Após obter o consentimento de meu pai, eu pensava poder voar sem medo para o Carmelo. Mas ai! depois que ouviu minhas confidências, meu tio declarou que a entrada para uma ordem austera aos quinze anos parecia-lhe contrário à prudência humana; que seria causar dano à religião permitir que uma criança abraçasse tal vida. E acrescentou que haveria de opor-se firmemente e que não mudaria de parecer, a menos que acontecesse um milagre.

Percebi que todos os argumentos eram inúteis, e retirei-me com o coração profundamente amargurado. Meu único consolo era a oração; eu suplicava a Jesus que fizesse o milagre pedido, pois somente a este preço eu podia responder ao seu apelo. Muito tempo depois, parecia que meu tio já não se lembrava de nossa conversa; mas, muito ao contrário, soube mais tarde que eu lhe causava grande preocupação.

Antes de fazer luzir em minha alma um raio de esperança, o Senhor quis enviar-me outro martírio bem doloroso, que durou três dias. Oh! nunca cheguei a compreender tão perfeitamente a dor amarga da Santíssima Virgem e de São José, quando procuravam pelas ruas de Jerusalém o divino Filho Jesus. Encontrava-me num deserto terrível; ou antes, minha alma assemelhava-se a um frágil barco entregue, sem piloto, à mercê das ondas tempestuosas. E, embora soubesse que Jesus estava lá, dormindo na minha barquinha, como encontrá-lo em meio a uma noite tão sombria? Se a tempestade tivesse explodido abertamente, talvez algum relâmpago rasgasse minhas nuvens. Na verdade, muito triste é o clarão dos relâmpagos; mesmo assim, à sua luz, percebi num instante o Amado do meu coração.

Mas não... era a noite! A noite profunda, o abandono completo, uma verdadeira morte! Como o divino Mestre, no Jardim da Agonia, sentia-me só, sem encontrar consolo, nem da terra nem do céu. A natureza parecia participar de minha amarga tristeza: durante esses três dias, o sol não mostrou um único de seus raios, e a chuva caiu torrencial. Sempre vi nisso uma coincidência: em todas as circunstâncias de minha vida, a natureza era a imagem de minha alma. Quando eu chorava, o céu chorava comigo, quando me alegrava, o azul do firmamento não era obscurecido por nuvem alguma.

Quatro dias depois, que era um sábado, fui visitar meu tio. Qual não foi minha surpresa ao encontrá-lo totalmente mudado a meu respeito! Primeiramente, sem que eu lhe manifestasse meu desejo, fez-me entrar em seu gabinete; depois, começando por me dirigir doces censuras pela minha maneira de ser um pouco acanhada com ele, disse-me que o milagre exigido já não era necessário, por tê-lo obtido depois de pedir ao bom Deus que lhe desse uma simples inclinação do coração. Eu não o reconhecia mais. Abraçou-me com a ternura de um pai, acrescentando em tom muito emocionado: "Vai em paz, querida filha, tu és uma florzinha privilegiada que o Senhor quer colher, e a isso não hei de me opor".

Com que alegria retomei o caminho dos Buissonnets *sob o belo céu cujas nuvens haviam-se dissipado completamente*! Também em minha alma a noite havia cessado. Enfim, acordando, Jesus me devolvera a alegria, e eu já não ouvia o ruído das ondas: em lugar do vento da provação, uma brisa leve inflava minha vela, e já cria ter chegado ao porto! Mas ai! ainda devia desabar mais de uma tempestade, fazendo-me temer, em certas horas, que me havia afastado para sempre da margem ardentemente desejada.

Após ter obtido o consentimento de meu tio, fui informada por vós, minha venerada Madre, de que o Reverendo Superior do Carmelo não me permitia entrar antes dos vinte e um anos de idade. Ninguém pensara nessa oposição, a mais grave, a mais invencível de todas. Entretanto, sem perder a coragem, eu mesma fui com meu pai expor-lhe os meus desejos. Recebeu-me com muita frieza, e nada podia mudar suas disposições. Enfim, despedimo-nos com um *não* muito resoluto: "Todavia", acrescentou ele, "sou apenas o delegado de S. Ex.ª Rev.ᵐᵃ; se ele permitir esta entrada, nada mais terei a dizer". Saindo do presbitério, encontramo-nos *sob uma chuva torrencial*, e densas nuvens toldavam o firmamento de minha alma. Papai não sabia como me consolar. Prometeu levar-me a Bayeux se eu desejasse; aceitei reconhecida.

Muitos acontecimentos se passaram antes que nos fosse possível realizar essa viagem. Exteriormente, minha vida parecia a mesma: eu estudava e, sobretudo, crescia no amor ao bom Deus. Por vezes, tinha impulsos, verdadeiros transportes...

Uma noite, não sabendo como manifestar a Jesus que o amava e como desejava que Ele fosse sempre servido e glorificado, pensei, com dor, que jamais subiria dos abismos do inferno um único ato de amor. Então, exclamei que, de boa vontade, consentiria ver-me lançada naquele lugar de tormentos e de blasfêmias, contanto que Ele fosse amado eternamente. Isso não podia glorificá-lo, pois Ele deseja somente a nossa felicidade; mas, quando se ama, sente-se a necessidade de dizer mil loucuras. Se falava assim, não era porque não suspirasse pelo céu; mas então, para mim, o céu nada mais era que *o amor*, e, ao meu ardor, sentia que nada poderia afastar-me do objeto divino que me havia arrebatado...

Por essa época, Nosso Senhor deu-me o consolo de conhecer de perto almas de crianças. Eis em que circunstâncias: durante a doença de uma pobre mãe de família, ocupei-me muito de suas duas filhinhas, a mais velha das quais não tinha ainda seis anos. Para mim, era um verdadeiro prazer ver com que candura elas acreditavam em tudo o que eu lhes dizia. É preciso dizer que o santo batismo lança bem fundo nas almas um germe das virtudes teologais, pois, desde a infância, é suficiente a esperança dos bens futuros para fazer aceitar sacrifícios. Quando eu queria despertar em minhas duas menininhas a harmonia entre si, em vez de prometer-lhes brinquedos e bombons, eu lhes falava das recompensas eternas que o Menino Jesus daria às crianças boazinhas. A mais velha, cuja razão começava a se desenvolver, olhava para mim com uma expressão de viva alegria, fazendo-me mil encantadoras perguntas sobre o Menino Jesus e seu belo céu. A seguir, com entusiasmo, prometia-me sempre ceder à sua irmã, acrescentando que jamais em sua vida esqueceria as lições da "grande senhorita" – como ela me chamava.

Considerando essas almas inocentes, comparava-as à cera mole sobre a qual pode-se gravar qualquer impressão; tanto do mal, infelizmente, quanto do bem! E compreendi a palavra de Jesus: *Que melhor seria ser lançado ao mar do que escandalizar um só desses pequeninos* (Mt 18,6). Ah! quantas almas alcançariam alto grau de santidade se, desde o princípio, fossem bem dirigidas!

Bem sei que Deus não necessita de ninguém para realizar sua obra de santificação; porém, assim como permite que um hábil jardineiro cultive plantas raras e delicadas, dando-lhe para isso a ciência necessária, reservando-se sempre o cuidado de fecundá-las, da mesma forma quer ser ajudado em seu divino cultivo das almas. O que aconteceria se um horticultor desajeitado enxertasse mal suas árvores? Se não soubesse reconhecer a natureza de cada uma e quisesse, por exemplo, fazer desabrochar rosas num pessegueiro?

Isso me faz lembrar que outrora, entre meus pássaros, eu tinha um canário que cantava admiravelmente bem; e tinha também um pintarroxo, ao qual dedicava cuidados especiais, por tê-lo adotado desde que saíra do ninho. Esse pobre prisioneiro, privado das lições de música de seus pais e tendo de ouvir da manhã à noite só os alegres trinados do canário, um belo dia quis imitá-lo – empresa muito árdua para um pintarroxo. Era encantador ver os esforços do pobrezinho, cuja doce voz teve de fato muitas dificuldades para se ajustar às vibrantes notas de seu mestre. Contudo, para minha grande surpresa, ele conseguiu, e seu canto tornou-se absolutamente igual ao do canário.

Ó minha Madre, bem sabeis quem me ensinou a cantar desde a infância! Sabeis também quais eram as vozes que me encantavam! E agora espero que um dia, apesar de minha fraqueza, possa repetir eternamente o cântico de amor, cujas notas harmoniosas tantas vezes tenho ouvido nesta terra.

Mas, onde estou? Estas reflexões levaram-me muito longe… Retomo rapidamente o relato de minha vocação.

A 31 de outubro de 1887, saí em direção a Bayeux, sozinha com meu pai, com o coração cheio de esperança, mas também muito comovida ante o pensamento de apresentar-me no Episcopado. Pela primeira vez na minha vida, eu devia fazer uma visita sem a companhia de minhas irmãs; e era uma visita a um Bispo! Eu, que nunca tive necessidade de falar senão para responder a perguntas que me eram dirigidas, devia explicar e desenvolver as razões que me faziam solicitar minha entrada para o Carmelo, a fim de dar provas da solidez de minha vocação.

Nesse ponto, quanto me custou vencer minha timidez! Oh! é bem verdade que *o amor nunca encontra impossibilidades, porque ele crê que tudo é possível e permitido*[10]. Com efeito, somente o amor de Jesus podia fazer-me enfrentar estas dificuldades e as que sobreviriam; pois devia conquistar minha felicidade mediante grandes provações. Hoje, sem dúvida, creio ter pagado muito pouco, e estaria pronta a suportar mágoas mil vezes mais amargas para adquiri-la, se já não a possuísse.

As cataratas do céu pareciam abertas quando chegamos ao Episcopado. O Sr. Padre Révérony, Vigário-geral, que havia fixado a data da viagem, mostrou-se muito amável, ainda que um pouco admirado. Percebendo as lágrimas em meus olhos, disse-me: "Ah! vejo diamantes, mas não é preciso mostrá-los ao Bispo!"

Atravessamos, então, grandes salões, que me davam a impressão de ser uma formiguinha e me perguntavam o que haveria de dizer! Nesse momento, o Bispo passeava numa galeria com dois sacerdotes; vi o Sr. Vigário-geral trocar com ele algumas palavras e voltar em sua companhia para a sala onde nós aguardávamos. Lá, três enormes poltronas estavam colocadas diante da lareira, onde crepitava um fogo ardente.

Vendo entrar o Sr. Bispo, meu pai pôs-se de joelhos ao meu lado para receber a bênção; depois, S. Ex.ª nos fez sentar. O Padre Révérony apresentou-me a poltrona do meio:

---

10. *Imitação de Cristo*, livro III, cap. V, 4.

desculpei-me polidamente; mas ele insistiu, como a me dizer que mostrasse se era capaz de obedecer. Imediatamente fiz o que pedia sem a menor reflexão e fiquei confusa quando o vi tomar uma cadeira, enquanto eu estava enterrada num assento monumental, onde quatro como eu estariam muito bem acomodadas – mais à vontade do que eu, que estava longe disso! Esperava que meu pai falasse, mas ele pediu-me para explicar o objetivo de nossa visita. Fiz isso com a maior eloquência possível, compreendendo perfeitamente que uma simples palavra do Superior valeria muito mais do que meus arrazoados. Ora, sua oposição não advogava em meu favor.

O Sr. Bispo perguntou-me se havia muito tempo que eu desejava entrar para o Carmelo.

"Oh! sim, Sr. Bispo, muito tempo", respondi.

"Ora", replicou rindo o Padre Révérony, "de qualquer forma não chegará a quinze anos!"

"É verdade", respondi eu, "mas não há muitos anos a suprimir, pois desejo doar-me ao bom Deus desde a idade de três anos."

Crendo ser agradável a meu pai, o Sr. Bispo tentou fazer-me compreender que eu devia permanecer mais algum tempo junto dele. Qual não foi a surpresa e a edificação de Sua Excelência ao ver então que papai tomava a minha defesa. Cheio de bondade acrescentou que deveríamos ir a Roma com a peregrinação diocesana e que eu não hesitasse em falar ao Santo Padre, se antes não obtivesse a permissão solicitada.

Todavia, uma entrevista com o Superior foi exigida como indispensável antes de tomar alguma decisão. Eu não podia ouvir nada que mais me doesse, pois conhecia sua oposição formal e decidida. Assim, sem levar em conta a recomendação do Rev.º Padre Révérony, fiz mais do que *mostrar meus diamantes* ao Sr. Bispo: *dei-os a ele*. Notei que ele estava comovido. Fez-me carícias como, talvez, jamais uma criança as tenha recebido dele.

"Nem tudo está perdido, minha querida", disse-me ele; "mas ficaria muito contente se, com seu bom pai, fizesse a viagem para Roma, pois, dessa forma, consolidaria sua vocação. Em vez de chorar, deveria se alegrar! Aliás, na próxima semana, devo ir a Lisieux, onde falarei de seu pedido ao Superior e, certamente, receberá minha resposta na Itália."

Sua Excelência levou-nos depois para o jardim; meu pai cativou-o muito contando-lhe que nesta mesma manhã eu havia amarrado meus cabelos a fim de parecer mais velha. Isso, aliás, não foi em vão! Hoje, sei que Sua Excelência não fala a ninguém de *sua filhinha* sem contar a história dos cabelos. Eu preferiria, confesso-o, que essa revelação não acontecesse. O Sr. Vigário-geral acompanhou-nos até a porta, dizendo que jamais se viu coisa semelhante: um pai tão empenhado em dar sua filha a Deus e esta filha oferecer-se pessoalmente.

Portanto, tivemos de retomar o caminho de Lisieux sem nenhuma resposta favorável. Parecia-me que meu futuro estava quebrado para sempre; quanto mais me aproximava do fim, mais embaralhados eu via os meus negócios. Todavia, no fundo da alma, jamais deixei de ter uma grande paz, porque não procurava senão a vontade do Senhor.

6
Viagem a Roma – Audiência de S. S. Leão XIII – Resposta do Sr. Bispo de Bayeux – Três meses de espera

Ergue os olhos ao céu: Eis-me aqui com todos os meus santos, que na terra sustentaram grandes combates e agora gozam o repouso (Imit. l. III. c. 47,4).

Três dias após a viagem a Bayeux, eu devia fazer outra viagem, mais longa: para a Cidade eterna. Essa última viagem mostrou-me o nada de tudo o que passa. Entretanto, vi esplêndidos monumentos, contemplei todas as maravilhas da arte e da religião; sobretudo, pisei a mesma terra que os Santos Apóstolos, a terra regada pelo sangue dos Mártires, e minha alma se engrandeceu pelo contato com as coisas santas.

Estou muito feliz de ter ido a Roma; mas compreendo as pessoas por suporem que meu pai empreendeu essa viagem como meio de mudar minhas ideias de vida religiosa. Certamente, ali havia ocasiões de abalar uma vocação mal segura.

Primeiramente, minha irmã e eu nos encontrávamos no meio da alta sociedade que compunha quase que exclusivamente a peregrinação. Ah! longe de nos seduzir, todos esses títulos de nobreza não nos pareciam mais do que fumaça vã. Compreendi a palavra da *Imitação*: "*Não te preocupes com a sombra que chamam de grande nome*"[11]. Compreendi que a verdadeira grandeza não está absolutamente no nome, mas na alma.

O profeta nos diz que *o Senhor chamará seus escolhidos por outro nome* (Is 65,15); e em São João lemos: "*O vencedor receberá uma pedrinha branca, sobre a qual está escrito um nome novo, que ninguém conhece, senão aquele que o recebe*" (Ap 2,17). Portanto, é no céu que nós saberemos nossos títulos de nobreza. Então, *cada um receberá de Deus o louvor que lhe é devido* (1Cor 4,5), e aquele que, sobre a terra, tiver escolhido ser o mais pobre, o mais desconhecido por amor a Nosso Senhor, há de ser o primeiro, o mais nobre e o mais rico.

A segunda experiência que fiz refere-se aos sacerdotes. Até aquele momento, não conseguia compreender o principal objetivo da reforma do Carmelo; rezar pelos pecadores entusiasmava-me, mas rezar pelos sacerdotes, cujas almas me pareciam mais puras do que o cristal, parecia-me estranho! Ah! na Itália, compreendi minha vocação. E não precisava ir muito longe para encontrar tão útil conhecimento.

No espaço de um mês, encontrei muitos santos sacerdotes; e vi que, se sua sublime dignidade os eleva acima dos Anjos, nem por isso deixam de ser homens fracos e frágeis. Portanto, se santos sacerdotes, que, no Evangelho, Jesus chama de *sal da terra*, mostram que necessitam de orações, o que havemos de pensar dos tíbios? E Jesus não disse mais: "*Se o sal perder a sua força, com que será ele salgado*?" (Mt 5,13).

Ó minha Madre, que bela é nossa vocação! Cabe a nós, cabe ao Carmelo conservar o sal da terra! Oferecemos nossas preces e sacrifícios pelos apóstolos do Senhor; nós mesmas devemos ser seus apóstolos, enquanto eles, por suas palavras e

---

11. *Imitação de Cristo*, l. III, cap. 24,2.

seus exemplos, evangelizam as almas de nossos irmãos. Como é nobre a nossa missão! Mas devo ficar por aqui, sinto que, sobre esse assunto, minha pena não pararia nunca...

Minha querida Madre, quero agora contar-vos minha viagem com alguns pormenores:

No dia 4 de novembro, às três horas da madrugada, atravessamos a cidade de Lisieux, ainda envolta nas sombras da noite. Quantas impressões passaram por minha alma: via-me caminhando para o desconhecido, embora soubesse que lá no sul esperavam-me grandes coisas!

Chegados a Paris, meu pai fez-nos visitar todas as suas maravilhas; quanto a mim, encontrei uma só: *Nossa Senhora das Vitórias*. O que experimentei no seu santuário, ser-me-ia impossível dizê-lo. As graças que me concedeu pareciam as da minha primeira comunhão: eu estava repleta de paz e felicidade... Foi lá que minha Mãe, a Virgem Maria, *disse-me claramente que tinha sido ela a me sorrir e que me havia curado.* Com que fervor lhe supliquei que me protegesse sempre e que realizasse meu sonho, acolhendo-me à sombra de seu manto virginal! Pedi-lhe ainda que afastasse de mim todas as ocasiões de pecado.

Não ignorava que, durante minha viagem, seriam encontradas muitas coisas capazes de me perturbar; sem conhecimento algum do mal, receava descobri-lo. Ainda não havia descoberto que *para os puros todas as coisas são puras* (Tt 1,15), que a alma simples e reta não vê mal em nada, pois o mal só existe nos corações impuros, e não nos objetos insensíveis. Também pedi a São José que velasse por mim; depois de minha infância, minha devoção por ele confundia-se com meu amor pela Santíssima Virgem. Diariamente eu recitava a oração: "*São José, pai e protetor das virgens...*". Portanto, parecia-me estar bem protegida e inteiramente ao amparo dos perigos.

Após nossa consagração ao Sagrado Coração, na Basílica de Montmartre, partimos de Paris no dia 7 de novembro.

Como se tratava de dar a cada vagão do trem o nome de um santo, foi decidido dar essa honra a um dos sacerdotes que viajavam no respectivo carro: quer adotando o nome de seu padroeiro ou o de sua Paróquia.

Por isso, na presença de todos os peregrinos, resolvemos chamar nosso vagão de *São Martinho*. Muito sensível por tal delicadeza, meu pai foi logo agradecer ao Mons. Legoux, Vigário-geral de Coutances e Diretor da peregrinação. Daí em diante, muitas pessoas só o chamavam de *Senhor São Martinho*.

O Rev.º Padre Révérony seguia diligentemente todos os meus atos; de longe percebi que estava a me observar. À mesa, quando eu não estava à sua frente, sempre encontrava um meio de se inclinar para me ver e ouvir. Penso que deve ter ficado satisfeito com seu exame; porque, no fim da viagem, parecia estar bem-disposto a meu respeito. Digo *no fim*, porque em Roma, esteve bem longe de me servir de advogado, como logo mais direi. Todavia, não gostaria de fazer crer que ele quis me enganar ao não agir segundo as boas intenções manifestadas em Bayeux. Ao contrário, estou convicta de que ele sempre manifestou muita benevolência por mim; se ele contrariou meus desejos, foi unicamente para me provar.

Antes de chegar à meta de nossa peregrinação, atravessamos a Suíça com suas altas montanhas, cujos cumes nevados se perdem nas nuvens, suas cascatas, seus vales profundos, cheios de samambaias gigantescas e de urzes rosadas.

Minha querida Madre, como essas belezas da natureza, espalhadas em profusão, fizeram bem à minha alma! Como elas a elevaram para Aquele que se dignou lançar tais obras-primas sobre uma terra de exílio, que não deve durar senão um dia!

Por vezes, éramos transportadas até o cume das montanhas: a nossos pés, precipícios cuja profundidade nossos olhos não podiam perscrutar, antes pareciam querer nos engolir. Mais ao longe, atravessamos uma aldeia charmosa com suas casinhas de madeira e seu gracioso campanário, em cujo topo leves nuvens balançavam-se molemente. Aqui, havia um grande lago de ondas calmas e puras, cuja cor azulada misturava-se aos fogos do sol poente.

Como descrever minhas impressões diante de um espetáculo tão poético e tão grandioso? Eu pressentia as maravilhas do céu... A vida religiosa aparecia-me tal qual é, com suas sujeições, seus pequenos sacrifícios cotidianos realizados na sombra. Compreendia quão fácil torna-se, então, curvar-se sobre si mesmo, esquecer o sublime objetivo de sua vocação; e me dizia: *Mais tarde, na hora da provação, quando, prisioneira no Carmelo, só puder ver um cantinho do céu, lembrar-me-ei do dia de hoje; este quadro dar-me-á coragem. Pensando na grandeza e no poder de Deus, já não recordarei meus pequenos interesses; só a Ele hei de amar e não terei a infelicidade de me agarrar a ninharias, agora que meu coração entrevê o que Ele reserva aos que o amam.*

Após contemplar as obras de Deus, pude admirar também aquelas das criaturas. A primeira cidade da Itália que visitamos foi Milão. Sua catedral, em mármore branco, com suas estátuas tão numerosas, que podiam formar um povo, tornou-se nosso primeiro objeto de particular estudo.

Deixando para trás as tímidas senhoras a esconderem o rosto com suas mãos, após ter subido os primeiros degraus do edifício, Celina e eu seguimos os peregrinos mais corajosos e atingimos a última torrezinha, tendo então o prazer de ver a nossos pés toda a cidade de Milão, cujos habitantes pareciam formiguinhas. Tendo descido de nosso pedestal, iniciamos, de carro, os nossos passeios, que deviam durar um mês e saciar para sempre meu desejo de rodar sem fadiga.

O Campo Santo nos encantou. Suas estátuas de mármore branco, às quais um cinzel de gênio parece ter dado vida, estão semeadas pelo vasto campo dos mortos, numa espécie de negligência que não deixa de ter sua beleza. Seríamos quase tentados a consolar os personagens alegóricos que nos cercam, tão verdadeira é sua expressão de dor calma e cristã! São verdadeiras obras-primas! Aqui, uma criança a lançar flores sobre o túmulo de seu pai; faz-nos esquecer o peso do mármore: as delicadas pétalas parecem deslizar de seus dedos. Ali, o leve véu das viúvas e as fitas que ornam os cabelos das jovens parecem tremular ao sabor do vento.

Não encontrávamos palavras que expressassem nossa admiração; foi quando um senhor *francês*, já idoso, e que nos seguia por toda parte, lamentando, sem dúvida, não poder partilhar de nossos sentimentos, disse em tom mal-humorado: "Nossa! Como esses franceses são verdadeiramente entusiastas!" Creio que melhor seria se o pobre senhor guardasse sua opinião para si. Longe de estar feliz com sua viagem, sempre saíam queixas de sua boca: descontente com as cidades, com os hotéis, com as pessoas, com tudo.

Muitas vezes, meu pai, que sempre está bem não importa onde – tendo um caráter diametralmente oposto ao de seu indelicado vizinho –, tentava alegrá-lo, oferecia seu lugar no carro e ainda mostrava-lhe, com sua habitual grandeza de alma, o lado bom das coisas; mas nada o fazia rir! Que diversidade de personagens tivemos ocasião de ver! Que interessante estudo nos oferece o mundo, quando se está prestes a deixá-lo!

Em Veneza, a cena mudou completamente. Em vez do tumulto das grandes cidades, a quebrar o silêncio, ouvem-se apenas os gritos dos gondoleiros e o murmúrio da onda agitada pelos remos. Esta cidade tem lá seus encantos, mas ela é triste. Triste é também o palácio dos doges, apesar de todo o seu esplendor. Depois de muito tempo, o eco de suas abóbodas sonoras já não repete a voz dos governadores, pronunciando sentenças de vida ou de morte nas salas que nós percorremos. Os infelizes condenados deixaram de sofrer, enterrados vivos nas escuras masmorras.

Visitando essas horrorosas prisões, eu me via voltar ao tempo dos mártires. Com alegria teria escolhido esse tenebroso asilo se o problema fosse confessar minha fé; mas logo a voz do guia tirou-me do sonho, e passei sobre *a ponte dos suspiros*, assim chamada por causa dos suspiros de alívio dos pobres prisioneiros, vendo-se libertados do horror dos subterrâneos aos quais preferiam a morte.

Após dizer adeus a Veneza, em Pádua veneramos a língua de Santo Antônio; depois, em Bolonha, o corpo de Santa Catarina, cujo rosto ainda conserva impresso o beijo do Menino Jesus.

Com incrível felicidade, vi-me a caminho de Loreto. Como a Santíssima Virgem escolheu bem o lugar para ali colocar sua Casa bendita! Lá, tudo é pobre, simples e primitivo: as mulheres conservaram o gracioso traje italiano, e não adotaram, como as mulheres de outras cidades, a moda de Paris. De fato, Loreto encantou-me.

Que direi da santa Casa? Foi muito profunda a minha emoção ao me ver sob o mesmo teto que a Sagrada Família, contemplando os muros sobre os quais Nosso Senhor fixara seus olhos divinos, pisando a terra que São José regara com seus suores, onde Maria carregara Jesus nos braços, após tê-lo carregado em seu seio virginal. Vi o quartinho da Anunciação. Depositei meu terço na tigelinha do Menino Jesus. Que recordações maravilhosas!

Porém, nossa maior consolação foi receber Jesus em sua casa, tornando-nos, assim, seu templo vivo, no próprio lugar que Ele havia honrado com sua divina presença. Segundo o costume romano, a Sagrada Eucaristia só é conservada em um altar em cada igreja; e somente ali os sacerdotes a distribuem aos fiéis. Em Loreto, esse altar encontra-se na Basílica em que foi incluída a santa Casa, como um diamante precioso num estojo de mármore branco. Essa não era bem nossa intenção. Era no *diamante*, e não no estojo, que nós desejávamos receber o Pão dos Anjos. Meu pai, em sua ordinária doçura, seguiu os peregrinos, enquanto suas filhas, menos submissas, dirigiam-se para a *santa Casa*.

Por um privilégio especial, um sacerdote dispôs-se a celebrar sua missa ali; nós lhe manifestamos o nosso desejo. Imediatamente, o dedicado sacerdote pediu duas hóstias pequenas, que colocou na patena, e imaginais, minha Madre, a felicidade inefável desta comunhão! As palavras são impotentes para traduzi-la. O que será, então, quando comungarmos eternamente na morada do Rei dos céus? Então não veremos acabar nossa alegria e já não haverá a tristeza da partida a anuviá-la, nem será necessário, como fizemos nós, raspar furtivamente as paredes santificadas pela presença divina; pois sua casa será a nossa por todos os séculos.

Ele não quer dar-nos a casa da terra, contenta-se em no-la mostrar, para fazer-nos amar a pobreza e a vida oculta; a morada que nos reserva é seu palácio de glória, onde já não o veremos velado sob a aparência de um menino ou de um pouco de pão, mas tal qual Ele é no fulgor de seu infinito esplendor!

Agora, passo a falar de Roma: de Roma, onde esperava encontrar consolo, onde, ai!, encontrei a cruz! Já era noite quando chegamos; e, tendo adormecido no vagão, fui acordada pelo clamor dos empregados da estação, repetido com entusiasmo pelos peregrinos: "Roma! Roma!" Não era um sonho, estava realmente em Roma!

Nosso primeiro dia, talvez o mais delicioso, passamo-lo fora dos muros. Ali, todos os monumentos conservaram seu caráter de antiguidade; enquanto que no centro de Roma, diante dos hotéis e das lojas, creríamos estar em Paris.

O passeio pelos campos romanos imprimiu em mim recordações particularmente suaves. Como poderia traduzir a impressão que me fez estremecer diante do Coliseu? Enfim, tive a ventura de ver esta arena, em que tantos mártires derramaram seu sangue por Jesus! Já estava pronta a beijar a terra santificada por seus gloriosos combates. Mas que decepção! Tendo o solo sido elevado, a verdadeira arena estava sepultada a aproximadamente oito metros de profundidade.

Por causa das escavações, o centro não passa de um montão de entulhos, uma barreira intransponível a barrar-lhe a entrada. Aliás, ninguém ousa penetrar no meio dessas ruínas perigosas.

Seria possível ter vindo a Roma sem descer ao Coliseu? Não, era impossível! Não prestei mais atenção às explicações do guia; um só pensamento me ocupava: descer até a arena!

É dito no santo Evangelho que, permanecendo sempre junto ao Túmulo e inclinando-se repetidas vezes para olhar no seu interior, Madalena acabou por avistar dois anjos. Como ela, continuando a me abaixar, não vi dois anjos, mas o que estava a procurar; e, soltando um grito de alegria, disse à minha irmã: "Vem! Segue-me, que encontraremos uma passagem!" Imediatamente nos precipitamos, escalando as ruínas que caíam sob nossos pés; enquanto papai, admirado de nossa audácia, chamava-nos de longe. Mas já não tínhamos ouvidos para nada.

Como no meio do perigo cresce a coragem dos guerreiros, da mesma forma a nossa alegria aumentava em proporção à nossa fadiga e ao perigo que enfrentávamos para atingir a meta de nossos desejos.

Mais previdente do que eu, Celina ouvira o guia. Lembrada de que ele acabava de indicar a existência de uma pequena laje em forma de cruz como sendo o lugar onde combatiam os mártires, pôs-se logo a procurá-la. Logo a encontrou, e, ajoelhadas sobre aquela terra abençoada, nossas almas confundiram-se numa mesma oração... Meu coração batia forte no momento em que aproximei meus lábios da poeira ensopada pelo sangue dos primeiros cristãos. Pedi, então, a graça de eu também ser mártir por Jesus e, no fundo de minha alma, pressenti que fora atendida.

Tudo isso durou muito pouco tempo. Depois de recolher algumas pedrinhas, fomos em direção aos muros para recomeçar nossa perigosa empresa. Vendo-nos tão felizes, meu pai não teve como nos repreender; percebi até que ele se orgulhava de nossa coragem.

Depois do Coliseu, visitamos as Catacumbas. Lá, Celina e Teresa encontraram o meio de se deitarem juntas no fundo do antigo túmulo de Santa Cecília e recolheram um pouco da terra santificada por suas abençoadas relíquias.

Antes dessa viagem, eu não tinha nenhuma particular devoção por essa santa; mas ao visitar sua casa e o lugar de seu martírio, ouvindo-a proclamada "rainha da harmonia", em alusão ao canto virginal que, do fundo do seu coração, ela entoou a seu Esposo celeste, senti por ela mais do que devoção: uma verdadeira ternura de amiga. Ela se tornou minha santa predileta, minha confidente íntima. O que nela me arrebatou de modo particular foi seu abandono e sua confiança ilimitada, que a tornaram capaz de *virginizar* almas que só desejaram as alegrias da vida presente. Santa Cecília é semelhante à esposa dos Cânticos. Nela vejo *um coro de um acampamento* (Ct 7,1). Sua vida não foi senão um canto melodioso no meio das maiores provações; e isso não me admira, pois *o Evangelho sagrado repousava em seu coração*[12], e em seu coração repousava o Esposo das virgens.

Também a visita à igreja de Santa Inez foi muito consoladora para mim. Lá encontrei uma amiga de infância. Sem sucesso, procurei obter uma de suas relíquias a fim de levá-la à minha mãezinha Inez de Jesus. Os homens não me atenderam, mas o bom Deus pôs-se ao meu lado: uma pedrinha de mármore vermelho desprendeu-se de um rico mosaico cuja origem remonta ao tempo da meiga mártir, vindo a cair a meus pés. Não é charmoso? A própria Santa Inez deu-me uma recordação de sua casa!

Passamos seis dias a contemplar as principais maravilhas de Roma; no sétimo, contemplei a maior de todas: Leão XIII. Desse dia, que eu desejava e temia ao mesmo tempo, dependia

12. Ofício de Santa Cecília.

minha vocação, pois não havia recebido resposta alguma do Sr. Bispo, e a permissão do Santo Padre era minha única tábua de salvação. Mas para obter essa permissão, era necessário pedi-la! Era necessário *ousar falar ao Papa* diante de muitos Cardeais, Arcebispos e Bispos! Só o fato de pensar nisso fazia-me estremecer.

Foi na manhã de domingo, dia 20 de novembro, que, no Vaticano, entramos na capela do Soberano Pontífice. Às oito horas assistimos à sua missa; e, durante o santo Sacrifício, mostrou-nos, por sua ardente piedade, digna do Vigário de Jesus Cristo, que ele era verdadeiramente o *Santo Padre*.

O Evangelho desse dia continha as seguintes admiráveis palavras: "*Não temas, pequeno rebanho, porque foi do agrado do vosso Pai dar-vos o reino*" (Lc 12,32). E meu coração abandonava-se à confiança mais viva. Não, eu não temia, esperava que o reino do Carmelo pertencer-me-ia em breve. Então, eu não pensei nestas outras palavras de Jesus: "*Eu preparo um reino para vós, como meu Pai o preparou para mim*" (Lc 22,29). Quer dizer, eu vos reservo cruzes e provações; assim vos tornareis dignos de possuir o meu reino. *Porventura não foi necessário que o Cristo sofresse tais coisas, e que assim entrasse na sua glória?* (Lc 24,26). "*Se quiserdes sentar-vos ao seu lado, bebei o cálice que Ele próprio bebeu*" (Mt 20,22).

Terminada a missa de ação de graças, que seguiu a de Sua Santidade, iniciou a audiência.

Leão XIII estava sentado numa poltrona elevada, vestido simplesmente de batina branca e de uma murça da mesma cor. Perto dele estavam prelados e outros dignitários eclesiásticos. Seguindo o cerimonial, cada um dos peregrinos ajoelhava-se por sua vez, beijando primeiro o pé e depois a mão do augusto Pontífice, e recebia sua bênção; a seguir dois guardas-nobres, tocando-o com o dedo, indicavam-lhe com isso que se levantasse para passar à outra sala e ceder o lugar ao seguinte.

Ninguém dizia palavra; mas eu estava absolutamente resolvida a falar, quando, de repente, o Rev.º Padre Révérony, que se colocara à direita de Sua Santidade, fez-nos saber publicamente *que ele proibia terminantemente falar ao Santo Padre.* Voltei-me para Celina, interrogando-a com o olhar; meu coração batia que parecia estourar... "Fala!", disse-me ela.

Momentos depois, eu estava ajoelhada diante do Papa. Tendo beijado seu calçado, ele me apresentou a mão. Então, levantei para ele meus olhos banhados de lágrimas e lhe supliquei nestes termos:

"Santíssimo Padre, desejo pedir-vos uma grande graça!"

Imediatamente, baixando a cabeça para mim, seu rosto quase tocou o meu; poder-se-ia dizer que seus olhos negros e profundos queriam penetrar-me até o íntimo da alma.

"Santíssimo Padre", repeti eu, "em honra de vosso Jubileu, *permiti-me entrar para o Carmelo aos quinze anos*!"

O Rev.mo Vigário-geral de Bayeux, estupefato e descontente, replicou imediatamente:

"Santíssimo Padre, é uma criança que deseja abraçar a vida do Carmelo, mas, neste momento, os superiores examinam o caso."

"*Pois bem, minha filha*", disse-me Sua Santidade, "*faça o que os superiores decidirem.*"

Juntando, então, as mãos e apoiando-as em seus joelhos, tentei um último esforço:

"Ó Santíssimo Padre, se disserdes *sim*, todos hão de concordar!"

Ele me fitou fixamente e pronunciou estas palavras, acentuando cada sílaba em tom penetrante:

"*Vamos... Vamos... entrará se o bom Deus quiser.*"

Eu ia falar ainda, quando dois guardas-nobres me convidaram a erguer-me. Vendo que isso não bastava, eles me tomaram pelos braços, e o Padre Révérony ajudou-os a erguer-

-me, pois eu permaneci ainda de mãos juntas apoiadas sobre os joelhos do Papa. No momento em que eu era assim levantada, o bom Santo Padre pousou docemente sua mão sobre meus lábios, depois, levantando-a para me abençoar, acompanhou-me por longo tempo com os olhos.

Meu pai sofreu muito ao ver-me debulhada em pranto ao sair da audiência, pois, tendo passado antes de mim, ele nada sabia de minha tentativa. Com ele, o Sr. Vigário-geral mostrara-se um pouco mais amável, apresentando-o a Leão XIII como o pai de duas carmelitas. O Soberano Pontífice, em sinal de particular benevolência, pousou a mão sobre sua venerável cabeça, como para marcá-lo com um selo misterioso em nome do próprio Jesus Cristo.

Ah! agora que este pai de *quatro* carmelitas está no céu, já não é a mão do representante de Jesus que pousa sobre sua fronte a profetizar-lhe o martírio, é a mão do Esposo das virgens, do Rei dos céus; e nunca mais essa mão divina retirar-se-á da fronte que ela glorificou.

Minha provação era grande; mas, tendo feito absolutamente tudo o que dependia de mim para responder ao apelo do bom Deus, devo confessar que, apesar das minhas lágrimas, no fundo do coração eu sentia uma grande paz. Essa paz, contudo, morava no íntimo, e a amargura enchia minha alma até as bordas... E Jesus se calava... Ele parecia ausente, nada me revelava sua presença.

Também naquele dia *o sol não ousou brilhar*; e o belo céu azul da Itália, carregado de nuvens sombrias, não cessou de chorar comigo. Ah! tudo estava acabado! Minha viagem já não tinha encanto algum aos meus olhos, pois o objetivo não havia sido alcançado. Entretanto, as últimas palavras do Santo Padre deveriam consolar-me como uma verdadeira profecia. Com efeito, apesar de todos os obstáculos, *cumpriu-se o que quis o bom Deus*: não permitiu às criaturas fazerem o que elas queriam, mas unicamente a sua vontade.

Algum tempo depois, ofereci-me ao Menino Jesus para ser *seu brinquedinho*. Havia-lhe dito de não se servir de mim como um brinquedo valioso, que as crianças se contentam em olhar sem ousar tocá-lo, mas como uma bolinha sem valor algum, que Ele podia jogar por terra, pisar com o pé, perfurar, deixar a um canto, ou então apertar ao seu coração se isso lhe causasse prazer. Numa palavra, *queria divertir o Menino Jesus e entregar-me aos seus caprichos infantis*.

E Ele atendeu minha prece! Em Roma, Jesus furou seu brinquedinho... *certamente Ele queria ver o que havia lá dentro...* e depois, satisfeito com sua descoberta, deixou cair sua bolinha e adormeceu. O que teria feito durante seu doce sono, e o que se tornou a bolinha abandonada? Jesus sonhou que ainda se divertia; que Ele a pegava para deixá-la logo depois; que ele a arremessava a fim de que rolasse para longe e finalmente a apertava ao seu Coração, sem jamais permitir que ela se afastasse de sua mãozinha.

Compreendeis, minha Madre, a tristeza da bolinha vendo-se por terra! Entretanto, ela não deixava de esperar contra toda esperança.

Poucos dias depois de 20 de novembro, tendo ido visitar o venerado Irmão Simeão – diretor e fundador do Colégio São José –, meu pai encontrou o Rev.º Padre Révérony no estabelecimento, e o censurou amavelmente por não me ter ajudado na minha difícil empresa; depois contou a história ao Caríssimo Irmão Simeão. O bom velhinho ouviu o relato com muito interesse, tomando até alguns apontamentos, e disse com emoção: "Fatos assim não se veem na Itália!"

No dia seguinte ao da memorável audiência, tivemos de partir para Nápoles e Pompeia. Em nossa honra, o Vesúvio fez ouvir numerosos tiros de canhão, expelindo de sua cratera uma espessa coluna de fumaça. Seus vestígios, em Pompeia, são horrorosos! Mostram o poder de Deus *que olha para a terra e a faz tremer, que toca os montes e eles fumegam* (Sl 103,32).

Eu teria desejado passear sozinha em meio às ruínas, meditando sobre a fragilidade das coisas humanas; mas não convinha sonhar nessa solidão.

Em Nápoles fizemos um magnífico passeio ao mosteiro de San Martino, situado sobre uma alta colina que dominava toda a cidade. Na volta, porém, os cavalos desembestaram completamente, e eu atribuo à proteção de nossos anjos da guarda termos chegado sãos e salvos ao nosso esplêndido hotel. O termo *esplêndido* não é exagerado; durante toda a nossa viagem, hospedamo-nos em hotéis principescos. Nunca me vira rodeada de tanto luxo. É o caso de repetir: a riqueza não traz a felicidade. Ter-me-ia sentido mil vezes mais feliz numa choupana humilde, com a esperança do Carmelo, do que em aposentos dourados, escadarias de mármore, tapetes de seda, com a amargura no coração.

Ah! senti perfeitamente que a alegria não se encontra nos objetos que nos cercam, mas reside no mais íntimo de nossa alma. Pode-se muito bem possuí-la tanto no fundo de uma escura prisão quanto num palácio real. Assim, serei mais feliz no Carmelo, mesmo em meio a provações interiores e exteriores, do que no mundo onde nada me falta, sobretudo as doçuras do lar paterno.

Embora minha alma estivesse mergulhada na tristeza, externamente eu era a mesma, pois julgava ser segredo o meu pedido ao Santo Padre. Logo, porém, convenci-me do contrário. Um dia, tendo permanecido só no vagão com minha irmã, enquanto os peregrinos desciam para o restaurante, vi o Mons. Legoux aparecer à portinhola. Após olhar muito bem para mim, disse-me sorrindo: "Então, como vai nossa carmelitazinha". Percebi então que todos os peregrinos sabiam de meu segredo; aliás, já percebera isso por certos olhares simpáticos; felizmente, porém, ninguém me falou disso.

Em Assis, tive uma pequena aventura. Após visitar os lugares embalsamados pelas virtudes de São Francisco e de Santa

Clara, perdi a fivela do meu cinto no mosteiro. O tempo que levei a procurá-la e ajustá-la ao cinto fez-me perder a hora da partida. Quando me apresentei à porta, todas as carruagens haviam desaparecido, menos uma, que era a do Rev.º Vigário-geral de Bayeux. Seria preciso correr atrás das carruagens, que eu já não via, expondo-me a perder o trem, ou pedir um lugar na carruagem do Padre Révérony? Decidi-me pela última hipótese, que era a mais sábia.

Esforçando-me por parecer muito pouco constrangida, apesar de meu extremo embaraço, expus-lhe minha situação crítica, e assim o pus também em apuros, porque sua carruagem estava completamente lotada. Mas um desses senhores dispôs-se a descer, cedeu-me seu lugar e foi sentar-se modestamente ao lado do cocheiro. Eu parecia um esquilo preso numa armadilha! Estava longe de sentir-me à vontade, rodeada de todos esses grandes personagens, e logo cara a cara *com o mais temível*! Todavia, mostrou-se muito amável comigo, interrompendo de vez em quando a conversa para me falar do Carmelo, prometendo-me fazer tudo o que dele dependesse para realizar meu desejo de entrar aos quinze anos.

Esse encontro pôs bálsamo em minha ferida, embora não me impedisse de sofrer. Havia perdido a confiança na criatura e já não podia apoiar-me senão em Deus.

Entretanto, minha tristeza não me impediu de tomar um vivo interesse pelos santos lugares que visitamos. Em Florença, tive a felicidade de contemplar Santa Madalena de Pazzi no centro do coro das Carmelitas. Todos os peregrinos queriam fazer tocar seus terços no túmulo da santa; mas só a minha mão era tão pequena que podia passar pelos buracos da grade. Assim, fui encarregada dessa nobre tarefa, que durou muito tempo e me deixou muito envaidecida.

Não era a primeira vez que eu era alvo de privilégios. Em Roma, na igreja de Santa Cruz de Jerusalém, veneramos vários fragmentos da verdadeira Cruz, dois espinhos e um dos cravos sagrados. A fim de examiná-los mais à vontade, agi de maneira a ficar por última; e, quando o religioso encarregado desses preciosos tesouros se dispôs a repô-los sobre o altar, perguntei-lhe se podia tocá-los. Respondeu-me afirmativamente, parecendo duvidar que o conseguisse; então passei meu dedinho por uma abertura do relicário e, assim, pude tocar o precioso cravo que foi banhado pelo sangue de Jesus. Vê-se logo que eu me comportava como uma criança que crê ser-lhe tudo permitido e considera seus os tesouros de seu pai.

Depois de passar por Pisa e Gênova, retornamos para a França, percorrendo um dos mais esplêndidos trajetos. Por vezes, viajávamos à beira-mar; um dia, após uma tempestade, a estrada de ferro passava tão perto que as ondas pareciam chegar até nós. Mais além, atravessamos planícies cobertas de laranjeiras, de oliveiras e de graciosas palmeiras. À noite, os numerosos portos do mar eram aclarados por luzes brilhantes, enquanto as primeiras estrelas cintilavam no firmamento azul. Esse quadro feérico ia se desvanecendo aos meus olhos sem me deixar saudades, pois meu coração aspirava por outras maravilhas!

Todavia, meu pai me propunha mais uma viagem a Jerusalém; porém, apesar da natural atração que me levava a visitar os lugares santificados pela passagem de Nosso Senhor, sentia-me farta das peregrinações terrenas, desejava tão somente as belezas do céu; e, para dá-las às almas, queria quanto antes tornar-me prisioneira.

Infelizmente, antes de ver se abrirem as portas de minha prisão bendita, eu pressentia, haveria de lutar e sofrer mais; entretanto, minha confiança não diminuía, e esperava entrar a 25 de dezembro, no dia do Natal.

Apenas de volta a Lisieux, nossa primeira visita foi para o Carmelo. Que entrevista! Vós vos lembrais dela, minha Madre! Tendo, de minha parte, esgotado todos os recursos, abandonei-me completamente a vós. Dissestes-me que escrevesse ao

Sr. Bispo e lhe recordasse a promessa: obedeci imediatamente. A carta foi colocada no correio, e espero receber sem demora a permissão de voar. Cada dia, ai!, nova decepção! Chegou a bela festa de Natal, e Jesus ainda dormia. Deixou por terra sua bolinha sem ao menos lançar um olhar para ela.

Foi, certamente, uma provação muito dura; mas Aquele, cujo Coração está sempre a velar, ensinou-me que para uma alma, cuja fé é somente comparável a um grãozinho de mostarda, opera milagres, com a finalidade de robustecer essa fé tão pequena; mas, para seus íntimos, para sua Mãe, ele não faz milagres antes de ter provado sua fé. Não deixou Lázaro morrer, embora Marta e Maria lhe tivessem mandado dizer que ele estava doente? Nas bodas de Caná, tendo a Santíssima Virgem pedido a Jesus que socorresse o chefe da casa, não lhe respondeu que sua hora ainda não chegara? Mas depois da provação, que recompensa! A água transforma-se em vinho, Lázaro ressuscita… Assim agiu o Amado com sua Teresinha: após tê-la provado por muito tempo, satisfez todos os seus desejos.

Como brinde para o dia 1º de janeiro de 1888, Jesus presenteou-me com mais uma cruz sua. Dissestes-me, minha venerada Madre, que tinha em mãos a resposta do Sr. Bispo desde o dia 28 de dezembro, *festa dos Santos Inocentes*; que tal resposta autorizava minha entrada imediata; entretanto, resolvestes admitir-me somente após a Quaresma! Não pude reter minhas lágrimas ao refletir sobre tão prolongada demora. Para mim, essa prova revestiu-se de um caráter todo especial: eu via rompidos meus laços com o mundo, e agora, por sua vez, era a Arca santa que se recusava a recolher sua pobre pombinha!

Como passaram esses três meses, para minha alma tão ricos em sofrimentos e mais ainda em graças de toda espécie? Primeiro, veio-me à mente de não me incomodar, de levar uma vida menos regulada do que de costume; depois o bom Deus fez-me compreender o benefício do tempo que me era oferecido, e resolvi dedicar-me mais do que nunca a uma vida séria e mortificada.

Quando digo mortificada, não entendo as penitências de santos. Longe de assemelhar-me às belas almas que desde sua infância praticam toda espécie de macerações, eu punha todo o meu esforço unicamente em quebrar minha vontade, em reter uma palavra de réplica, em prestar pequenos serviços aos que me rodeavam sem fazê-los valer e mil outras coisas desse gênero. Pela prática desses nadas, eu me preparava para tornar-me a noiva de Jesus, e não tenho palavras para dizer quanto essa demora me fez crescer no abandono, na humildade e nas demais virtudes.

7
Entrada de Teresa na Arca bendita – Primeiras provações – Os esponsais divinos – A neve – Uma grande dor

Ninguém deixará por mim o pai, a casa e seus bens sem receber o cêntuplo neste tempo e no século futuro a vida eterna (Mc 10,3).

Para minha entrada foi escolhida a segunda-feira, dia 9 de abril de 1888. Era o dia em que no Carmelo celebrava-se a festa de Anunciação, transferida por causa da Quaresma. Na véspera, estávamos todos reunidos em torno à mesa de família, à qual sentar-me-ia pela última vez. Como são dilacerantes essas despedidas! Quando mais quereríamos ver-nos esquecidos, as palavras mais ternas escapam de todos os lábios, como que para fazer sentir mais o sacrifício da separação.

Pela manhã, após ter lançado um último olhar sobre os Buissonnets, o gracioso ninho de minha infância, parti para o Carmelo. Eu assistia à santa missa, cercada, como na véspera, de meus parentes queridos. No momento da comunhão, quando Jesus descia ao seu coração, ouvi somente soluços. Pessoalmente, não cheguei a chorar; mas enquanto, à frente de todos, eu me dirigia para a porta da clausura, meu coração batia tão forte que eu me perguntava se não ia morrer. Ah! que momento! que agonia! É preciso tê-lo provado para compreendê-lo.

Abracei todos os meus e me ajoelhei diante de meu pai para receber sua bênção. Ele próprio se ajoelhou e me abençoou chorando. Foi um espetáculo que deve ter feito sorrir os anjos, tanto quanto esse ancião apresentando ao Senhor sua filhinha, ainda na primavera da vida. Enfim, as portas do Carmelo fecharam-se atrás de mim... e eu caí em vossos braços, minha amada Madre; e recebi, então, os abraços de uma nova família, cuja dedicação e ternura não é imaginada no mundo.

Finalmente, estavam realizados os meus desejos; minha alma gozava de uma paz tão doce e tão profunda que me seria impossível expressá-la. E, após 8 anos e meio, continuo a partilhar essa paz íntima; ela nunca me abandonou, mesmo em meio às maiores provas.

No mosteiro, tudo me pareceu encantador; julgava-me transportada para um deserto; encantava-me, sobretudo, nossa pequena cela. Contudo, repito, minha felicidade era calma, o mais leve zéfiro não fazia ondular as águas tranquilas sobre as quais vogava minha barquinha. Nenhuma nuvem obscurecia meu céu azul. Ah! sentia-me plenamente recompensada por todas as minhas provações! Com que intenso júbilo eu repetia: "Agora estou aqui para sempre!"

Não era uma felicidade efêmera, que se desfizesse com as ilusões dos primeiros dias. As ilusões! Em sua misericórdia, o bom Deus preservou-me delas. Achei a vida religiosa assim como a havia imaginado, sacrifício algum me espantou; e, contudo, sabeis, minha Madre, que meus primeiros passos encontraram mais espinhos do que rosas.

Primeiramente, eu não tinha para minha alma senão o pão quotidiano de uma amarga aridez. Depois, o Senhor permitiu, minha venerada Madre, que, mesmo sem vosso conhecimento, eu fosse tratada por vós com muita severidade. Não podia encontrar-vos sem receber uma repreensão. Recordo-me que uma vez, tendo deixado no claustro uma teia de aranha, dissestes-me diante de toda a comunidade: "Bem se vê que nossos claustros são varridos por uma criança de quinze anos! É uma lástima! Vá, pois, tirar aquela teia de aranha e, no futuro, trate de ser mais cuidadosa".

Nos raros momentos de direção, em que eu permanecia diante de vós durante uma hora, eu ainda era admoestada quase o tempo todo; e o que mais me doía era não compreender a maneira de me corrigir dos meus defeitos: por exemplo, da minha lentidão, de minha pouca dedicação nos ofícios; defeitos que me mostráveis, minha Madre, em vossa solicitude e vossa bondade por mim.

Um dia, pensei comigo que, sem dúvida, desejáveis ver-me trabalhar nas horas de tempo livre, ordinariamente consagradas à oração, e eu fiz correr minha agulhinha sem levantar os olhos; mas, como eu queria ser fiel e agir somente sob o olhar de Jesus, nunca alguém teve conhecimento disso.

Durante o tempo do meu postulantado, nossa Mestra mandava-me à tarde, às quatro horas e meia, arrancar a erva no jardim: isso me custava muito; tanto mais, minha Madre, que eu tinha quase certeza de encontrar-vos no caminho. Numa dessas circunstâncias, dissestes-me: "Mas enfim, esta criança não faz absolutamente nada! Que noviça é esta que todos os dias se deve mandá-la passear?" E agíeis assim a meu respeito em todas as coisas.

Ó minha amada Madre, agradeço-vos ter-me dado uma educação tão forte e tão preciosa! Que graça inestimável! O que seria de mim se, como todas as pessoas do mundo acreditavam, eu tivesse sido *o brinquedo* da comunidade? Talvez, em lugar de ver Nosso Senhor em meus superiores, eu teria considerado somente a criatura, e meu coração tão bem guardado no mundo ter-se-ia apegado humanamente no claustro. Felizmente, por vossa sabedoria maternal, fui preservada dessa verdadeira calamidade.

Sim, posso dizê-lo, não somente por tudo aquilo que acabo de escrever, mas por outras provações mais sensíveis ainda, o sofrimento estendeu-me os braços desde minha entrada, e eu o abracei com amor. No solene exame que precedeu à minha profissão, declarei o que vim fazer no Carmelo: *Vim para salvar as almas e, sobretudo, a fim de rezar pelos sacerdotes.* Quando se quer atingir uma meta é preciso lançar mão dos meios; e já que Jesus me fez compreender que me daria almas pela cruz, quanto mais eu encontrava a cruz, mais aumentava minha atração pelo sofrimento. Durante cinco anos, este foi o meu caminho; mas somente eu o conhecia. Era precisamente a flor desconhecida que eu queria oferecer a Jesus, essa flor, cujo perfume se manifesta exclusivamente nas regiões do céu.

O próprio Rev.º Padre Pichon[13], dois meses após minha entrada, ficou surpreso com a ação de Deus sobre minha alma; ele considerava meu fervor totalmente infantil e muito doce o meu caminho. Minha entrevista com esse bom Padre trouxe-me grandes consolações, sem a dificuldade extrema que eu experimentava ao desabafar. Todavia, fiz com ele uma confissão geral, depois da qual ele pronunciou estas palavras: "Na presença de Deus, da Santíssima Virgem, dos Anjos e de todos os Santos, declaro-lhe que jamais você cometeu um só pecado mortal; agradeça ao Senhor o que Ele lhe fez gratuitamente, sem mérito algum de sua parte".

Sem mérito algum de minha parte! Ah! não me custava acreditar nisso! Eu sentia quanto era fraca, imperfeita: unicamente o reconhecimento enchia meu coração. O temor de haver manchado a veste branca de meu batismo fazia-me sofrer muito, e esta garantia, saída da boca de um diretor como o desejaria nossa Mãe Santa Teresa, isto é, "que unia a ciência à virtude", pareceu-me vir do próprio Deus. Disse-me ainda o bom Padre: "Minha filha, que Nosso Senhor seja sempre seu Superior e seu Mestre de noviças". E Ele o foi realmente, como

13. Antigo missionário da Companhia de Jesus no Canadá.

também meu *Diretor*. Com isso, não quero dizer que minha alma esteve fechada a meus superiores; longe de esconder-lhes minhas disposições, sempre procurei ser para eles um livro aberto.

Nossa Mestra era uma verdadeira santa, o modelo acabado das primeiras carmelitas; não me separava dela um instante, pois ensinava-me a trabalhar. Sua bondade comigo não pode ser dita em palavras, eu a amava muito, apreciava-a e, todavia, minha alma não se expandia. Eu não sabia como expressar o que se passava em mim, faltavam-me os termos, minhas direções tornavam-se um suplício, um verdadeiro martírio.

Um dia, uma de nossas Madres mais antigas pareceu compreender o que se passava comigo. Disse-me na hora do recreio: "Minha filhinha, parece-me que você não deve ter grande coisa a dizer a seus superiores".

"Por que pensa isso, minha Madre?"

"Porque sua alma é extremamente simples; mas, quando você for perfeita, tornar-se-á mais simples ainda; quanto mais nos achegarmos de Deus, mais simples nos tornaremos."

A boa Madre tinha razão. No entanto, a extrema dificuldade que eu tinha para me abrir, ainda que viesse de minha simplicidade, era uma verdadeira provação. Hoje, sem deixar de ser simples, exprimo meus pensamentos com grande facilidade.

Disse que Jesus havia sido meu diretor. Mal o Rev.º Padre Pichon se encarregara de minha alma, seus superiores o enviaram para o Canadá. Reduzida a receber apenas uma carta por ano, a florzinha transplantada para a montanha do Carmelo voltou-se logo para o Diretor dos diretores e desabrochou à sombra de sua cruz, tendo por orvalho benfazejo suas lágrimas e seu sangue divino e por sol radioso sua Face adorável.

Até então, eu não havia sondado a profundeza dos tesouros encerrados na sagrada Face; foi minha Mãezinha Inez de Jesus que me fez conhecê-los. Como outrora ela havia precedido suas três irmãs no Carmelo, da mesma forma foi a primeira a penetrar os mistérios de amor escondidos na Face de nosso Esposo; mistérios que ela me revelou e eu compreendi... Compreendi melhor do que nunca em que consiste a verdadeira glória. Aquele cujo *reino não é deste mundo* (Jo 18,36) mostrou-me que a única realeza invejável consiste *em querer ser ignorada e ser contada como nada*[14], em pôr a alegria no desprezo de si mesma. Ah! como o de Jesus, eu queria que *meu rosto ficasse encoberto a todos os olhos, que na terra ninguém me reconhecesse* (Is 53,3): eu tinha sede de sofrer e de ser esquecida.

Como é misericordioso o caminho pelo qual o divino Mestre sempre me conduziu! Nunca me fez desejar alguma coisa sem satisfazer meu desejo depois; eis por que seu amargo cálice me pareceu delicioso.

No fim de maio de 1888, após a bela festa da Profissão de Maria, nossa *irmã mais velha*, que Teresa, *a Benjamim*, teve o privilégio de coroar de rosas no dia de seus místicos esponsais, a provação veio visitar novamente minha família. Depois do primeiro ataque de paralisia, constatamos que nosso bom pai se cansava com muita facilidade. Durante nossa viagem a Roma, notei com frequência que seu rosto dava sinais de prostração e sofrimento. Porém o que mais me impressionava eram seus admiráveis progressos no caminho da santidade; ele chegara a ser mestre por sua vivacidade natural, e as coisas da terra pareciam apenas tocá-lo.

Permiti-me, minha Madre, que, a respeito disso, vos cite um pequeno exemplo de sua virtude:

Durante a peregrinação, os dias e as noites passadas no vagão pareciam intermináveis aos viajantes, e nós os víamos realizar partidas de cartas que, por vezes, tornavam-se tempestuosas. Um dia, os jogadores pediram nosso concurso: nós recusamos, alegando nossa parca ciência nessa matéria; não achávamos, como eles, que o tempo era tão longo, mas até mui-

14. *Imitação de Cristo*, l. I, cap. 2,3.

to curto para contemplar à vontade os magníficos panoramas que se ofereciam aos nossos olhos. O descontentamento apareceu logo; tomando a palavra, nosso querido pai nos defendeu com calma, dando a entender que, estando em peregrinação, seria bom se a oração tivesse um espaço maior.

Um dos jogadores, esquecido do respeito devido aos cabelos brancos, exclamou sem refletir: "Felizmente, os fariseus são raros!" Meu pai não respondeu uma palavra, pareceu até santamente jubiloso e, pouco depois, encontrou um meio de dar a mão àquele senhor, acompanhando essa bela ação de uma palavra amável, que podia fazer crer que a invectiva não fora percebida ou, ao menos, que estava esquecida.

Aliás, o costume de perdoar não datava daquele dia. Segundo o testemunho de minha mãe e de todos os que o conheceram, ele jamais pronunciou uma palavra contra a caridade.

Sua fé e sua generosidade eram igualmente a toda a prova. Eis os termos pelos quais ele anunciou minha partida a um de seus amigos: "Teresa, minha pequena rainha, entrou ontem para o Carmelo. Só Deus pode exigir tal sacrifício; mas Ele me ajuda tão poderosamente que, em vez de lágrimas, meu coração se enche de alegria".

A tão fiel servo convinha uma recompensa digna de suas virtudes, e essa recompensa ele próprio a pediu a Deus. Ó minha Madre, lembrais-vos daquele dia, no parlatório, quando meu pai nos disse: "Minhas filhas, volto para Alençon, onde, na igreja de Nossa Senhora, recebi tantas graças, tais consolações, que fiz esta oração: 'Meu Deus, é demais! Sim, sou demasiado feliz, assim não se pode entrar no céu, quero sofrer alguma coisa por vós! E eu me ofereci...'" O termo *vítima* morreu-lhe nos lábios, ele não ousou pronunciá-lo em nossa presença, mas nós o havíamos compreendido!

Minha Madre, conheceis todas as nossas amarguras! Não tenho necessidade de escrever os pormenores dessas dolorosas recordações...

Chegou, afinal, a época de minha tomada de hábito. Contra toda esperança, tendo meu pai se refeito de um segundo ataque de paralisia, o Sr. Bispo fixou a cerimônia para o dia 10 de janeiro. A espera havia sido longa; assim mesmo, que bela festa! Não faltou nada, nem mesmo *a neve*.

Já vos falei, minha Madre, de minha predileção pela neve? Ainda pequena, sua brancura me encantava. Donde me vinha esse gosto pela neve? Talvez, porque sendo eu uma florzinha de inverno, o primeiro enfeite com o qual meus olhos viram revestir-se a terra foi seu branco manto. Portanto, no dia de minha tomada de hábito, eu queria ver a natureza vestida de branco como eu. Na véspera, porém, a temperatura era tão agradável, que nos fazia pensar na primavera, e eu já não contava com a neve. Na manhã do dia 10, não se via mudança! Abandonei então meu desejo de criança e saí do mosteiro.

Meu pai me aguardava à porta da clausura. Vindo ao meu encontro, os olhos cheios de lágrimas e me apertando ao coração, exclamou: "Ah! eis minha pequena rainha!"[15]. Depois, oferecendo-me seu braço, fizemos nossa solene entrada na capela. Para ele foi um triunfo, sua última festa na terra! Todas as suas ofertas estavam feitas[16], sua família pertencia a Deus. Mais tarde, quando Celina lhe confiou seu projeto de também abandonar o mundo pelo Carmelo, este pai incomparável teria respondido num transporte de alegria: "Vem, vamos juntos diante do Santíssimo Sacramento agradecer ao Senhor as graças concedidas à nossa família e a honra que me faz ao esco-

---

15. Para honrar a Jesus, o divino Rei, de quem sua *pequena rainha* tornar-se-ia esposa, o Sr. Martin quis que naquele dia ela usasse um vestido de veludo branco, guarnecido de cisne e de ponto de Alençon. Seus grandes cachos de cabelos louros caíam-lhe sobre os ombros e lírios formavam seu adorno virginal.

16. Após entrar para a Ordem das Clarissas, Leônia teve de regressar para a casa paterna, pois sua delicada saúde não comportava os rigores de uma ordem demasiado austera. Mais tarde foi admitida na Visitação de Caen, onde pronunciou seus votos com o nome de Irmã Francisca Teresa.

lher suas esposas na minha casa. Sim, o bom Deus me faz uma grande honra ao pedir-me minhas filhas. Se possuísse alguma coisa melhor, apressar-me-ia a oferecer-lha". *Essa coisa melhor* era ele mesmo! *E o Senhor o recebeu como uma hóstia de holocausto, provou-o como o ouro na fornalha e considerou-o digno de si* (Sb 3,6).

Terminada a cerimônia externa, quando tornei a entrar no mosteiro, o Sr. Bispo entoou o *Te Deum*. Um sacerdote lhe fez notar que esse cântico só se cantava nas profissões, mas o início havia sido dado e o hino de ação de graças continuou até o fim. Não era, talvez, necessário que essa festa fosse completa, já que nela reuniam-se todas as outras?

No momento em que punha o pé na clausura, o olhar fugiu-me primeiramente para meu lindo Menino Jesus[17], que me sorria em meio às flores e luzes; depois, voltando-me para o pátio, *vi-o todo coberto de neve*! Que delicadeza de Jesus! Realizando os desejos de sua pequena noiva, deu-lhe a neve! Qual é o mortal, por mais poderoso que seja, que possa fazer cair do céu um único floco para encantar sua amada?

Todos se maravilharam, considerando essa neve um verdadeiro acontecimento, por causa da temperatura contrária; e depois, eu bem sei, muitas pessoas, sabedoras do meu desejo, falaram com frequência "do pequeno milagre" de minha tomada de hábito, parecendo-lhes que eu tinha um singular gosto de amar a neve... Tanto melhor! Isso faz ressaltar ainda mais a incompreensível condescendência do Esposo das virgens, daquele que preza os lírios brancos como a neve.

Depois da cerimônia, o Sr. Bispo entrou no mosteiro e me cumulou de toda espécie de gentilezas paternais: recordou-me, diante de todos os sacerdotes que o cercaram, minha visita a Bayeux, minha viagem a Roma, sem esquecer *os cabelos levantados*; depois, tomando minha cabeça em suas

---

17. Até a morte, ela foi encarregada de ornar esta estátua do Menino Jesus.

mãos, Sua Excelência acariciou-me por algum tempo. Nosso Senhor me fez pensar, então, com uma inefável doçura, as carícias que logo Ele me prodigalizaria diante da assembleia dos Santos, e essa consolação tornou-se em mim como um antegozo da glória celeste.

Disse acima que o dia 10 de janeiro foi o triunfo de meu bom pai; comparo essa festa à entrada de Jesus em Jerusalém, no Domingo de Ramos. Como a do divino Mestre, sua glória de um dia foi seguida de uma paixão dolorosa; e assim como os sofrimentos de Jesus traspassaram o coração de sua divina Mãe, da mesma forma nossos corações sentiram profundamente as feridas e as humilhações daquele que mais amávamos na terra...

Recordo-me que no mês de junho de 1888, quando temíamos que o acometesse uma paralisia cerebral, surpreendi nossa Mestra ao lhe dizer: "Sofro muito, minha Madre, sinto, porém, que posso sofrer mais ainda". Não pensava, então, na provação que nos esperava. Não sabia que, no dia 12 de fevereiro, um mês após minha tomada de hábito, nosso venerado pai beberia um cálice tão amargo!... Ah! eu não disse, então, que poderia sofrer mais! As palavras não podem expressar minhas angústias e as de minhas irmãs; nem tentarei as descrever...

Mais tarde, no céu, seremos felizes em nos entreter com esses dias sombrios do exílio. Sim, os três anos de martírio de meu pai pareciam-me os mais amáveis, os mais frutuosos de nossa vida, não os trocaria pelos mais sublimes êxtases; e, diante desse inestimável tesouro, meu coração exclama em seu reconhecimento: "*Sede bendito, meu Deus, por esses anos de graças que nós passamos nos males*" (Sl 89,15).

Ó minha amada Madre, como foi preciosa e *doce* a nossa cruz tão *amarga*, pois de todos os nossos corações não saíram senão suspiros de amor e de reconhecimento! Já não caminhávamos; corríamos, voávamos nas sendas da perfeição.

Leônia e Celina já não eram do mundo, embora vivessem no mundo. As cartas que nesta época elas nos escreviam estão repletas de uma resignação admirável. E que encontros eu tive com minha Celina no locutório! Ah! longe de nos separar, as grades do Carmelo uniam-nos com mais força: os mesmos pensamentos, os mesmos desejos, o mesmo amor a Jesus e às almas faziam-nos viver. Nunca uma palavra sobre as coisas da terra misturava-se às nossas conversas. Como outrora nos Buissonnets, já não lançávamos os nossos olhares, mas os nossos corações, para além dos espaços e do tempo; e para gozar logo de uma bem-aventurança eterna, escolhíamos na terra o sofrimento e o desprezo.

Meu desejo de sofrimentos estava realizado. Todavia, minha atração por eles não diminuía, de modo que minha alma participou logo das provações do coração. A aridez aumentou; já não encontrava consolo nem do céu, nem da terra; e no entanto, em meio às águas da tribulação, que tão ardentemente havia pedido, eu era a mais feliz das criaturas.

Assim decorreu o tempo de meus esponsais, mas, ai!, demasiado longo para meus desejos. No fim do meu ano, dissestes-me, minha Madre, que não sonhasse em fazer a profissão, pois o Sr. Superior opunha-se formalmente; e tive de aguardar mais oito meses! A princípio, custou-me aceitar tal sacrifício; mas logo a luz divina penetrou em minha alma.

Então, meditei os *Fundamentos da Vida Espiritual* do Padre Surin. Um dia, durante a oração, compreendi que meu desejo tão vivo de pronunciar meus votos estava misturado a um grande amor-próprio; já que pertencia a Jesus, como *seu brinquedinho*, para consolá-lo e diverti-lo, eu não devia obrigá-lo a fazer a minha vontade em lugar da sua. Além disso, compreendi que no dia de suas núpcias uma noiva não poderia agradar a seu esposo se não estivesse munida de magníficos ornamentos, e eu ainda não havia trabalhado nesse sentido. Então, disse a Nosso Senhor: "Não vos peço mais fazer a profissão, esperarei quanto quiserdes; porém, não poderei permitir que, por minha culpa, seja adiada minha união convosco; portanto, porei todo o meu esforço em preparar-me um vestido enriquecido de diamantes e pedrarias de toda espécie: quando vos parecer suficientemente rico, estou certa de que nada vos impedirá de tomar-me por esposa".

Pus mãos à obra com renovado ardor. Depois que tomei o hábito, já havia recebido abundantes luzes sobre a perfeição religiosa, principalmente sobre o voto de pobreza. Durante meu postulantado, gostava de ter para meu uso coisas certas e de ter à mão o que me fosse necessário. Jesus suportava isso pacientemente, pois não gosta de mostrar às almas tudo ao mesmo tempo e, ordinariamente, doa sua luz pouco a pouco.

No início de minha vida espiritual, por volta dos treze ou catorze anos, eu me perguntava o que haveria de ganhar mais tarde e, então, achava impossível compreender melhor a perfeição; bem depressa, porém, reconheci que quanto mais se avança nesse caminho, tanto mais distante nos parece o termo. Agora estou resignada a ver-me sempre imperfeita e até encontro minha alegria nisso.

Volto às lições que Nosso Senhor me deu. Uma noite, após as completas, procurei em vão o nosso candeeiro na estante destinada para isso; sendo tempo do grande silêncio, não podia reclamar. Com razão, refleti que uma irmã, crendo levar sua lamparina, levou a nossa. Mas seria necessário passar uma hora inteira às escuras por causa desse engano? Justamente naquela noite em que pensava trabalhar bastante. Sem a luz interior da graça, certamente eu me teria lastimado; com ela, em vez de sentir o desgosto, fiquei feliz, pensando que a pobreza consiste em ver-se privada não só das coisas agradáveis, mas também das indispensáveis. E nas trevas exteriores vi minha alma iluminada por uma claridade divina.

Nessa época, fui tomada por um verdadeiro amor pelos objetos mais desagradáveis e os menos cômodos: assim, senti alegria quando levaram a bela moringuinha de nossa cela, para receber em troca uma moringa tosca, toda desbicada. Fazia também grandes esforços para não me desculpar, o que me era muito difícil, sobretudo com nossa Mestra, a quem eu não queria esconder nada.

Minha primeira vitória não foi grande, mas custou-me muito. Um jarrinho, deixado por não sei quem atrás de uma janela, apareceu quebrado. Julgando-me culpada por tê-lo deixado fora do lugar, nossa Mestra disse-me que, na próxima vez, prestasse mais atenção, pois faltara totalmente à ordem; enfim, mostrou-se descontente. Sem dizer nada, beijei o chão e prometi ter mais cuidado para o futuro. Devido à minha pouca virtude, essas pequenas práticas, já o disse, custavam-me muito, e eu devia pensar que no dia do Juízo tudo seria revelado.

Eu me esforçava sobretudo nos pequenos atos de virtude menos percebidos; assim, gostava de dobrar as capas esquecidas pelas irmãs e procurava mil ocasiões de prestar-lhes algum serviço. Também senti atração pela penitência, mas nada me era permitido para satisfazê-la. As únicas mortificações que me eram permitidas consistiam em mortificar meu amor-próprio; o que me fazia mais bem do que as penitências corporais.

Entretanto, a Santíssima Virgem ajudava-me a preparar a veste da minha alma; assim que ficou pronta, os obstáculos desapareceram e minha profissão foi fixada para o dia 8 de setembro de 1890. Tudo o que acabo de dizer em poucas palavras exigiria muitas páginas; estas páginas, porém, jamais serão lidas nesta terra...

8
As núpcias divinas – Um retiro de graças – A última lágrima de uma santa – Morte de seu pai – Como Nosso Senhor satisfaz todos os seus desejos – Uma vítima de amor

Caminho da infância espiritual

> *Tu andas no esplendor que brota de seu rosto. Feliz és tu porque te foi revelado o que agrada a Deus* (Br 3).
>
> *"Antes de partir, meu Jesus perguntou-me para que país eu desejava viajar, que rota desejava seguir. Respondi-lhe que eu tinha um único desejo, o de atingir o cume da montanha do AMOR. E o Senhor me tomou pela mão..."*

Minha Madre, será necessário falar do retiro de minha profissão? Longe de ser consolada, a aridez mais absoluta, quase o abandono, foi só o que encontrei. Como sempre, Jesus dormia na minha barquinha. Ah! muito raramente vejo que as almas o deixam dormir tranquilamente dentro delas. O bom Mestre cansou-se de continuamente fazer gastos e progressos, por isso Ele se apressa a aproveitar o repouso que lhe ofereço. Sem dúvida, Ele não se acordará antes do meu grande retiro da eternidade; mas, em vez de me afligir, isso causa-me um imenso prazer.

Verdadeiramente, estou longe de ser santa; prova disso é a disposição em que me encontro. Deveria não me alegrar de minha aridez, mas atribuí-la à minha falta de fervor e de fidelidade, deveria afligir-me de muitas vezes dormir durante minhas orações e minhas ações de graças. Pois bem, eu não me aflijo! Penso que as criancinhas agradam mais a seus pais quando estão dormindo do que quando estão acordadas; penso que, para operar, os médicos adormecem seus doentes; enfim, penso que *o Senhor conhece a nossa fragilidade e sabe muito bem que somos somente pó* (Sl 102,14).

Meu retiro de profissão foi, pois, como todos os que o seguiram, um retiro de grande aridez. Todavia, quase sem me dar conta, foram-me claramente revelados os meios de agradar a Deus e de praticar a virtude. Mais de uma vez percebi que Jesus não quer fornecer-me provisões. A cada instante nutre-me com um alimento totalmente novo; encontro-o em mim, sem saber como chegou lá. Creio simplesmente que é o próprio Jesus, escondido no fundo deste pobre coraçãozinho, que age em mim de forma misteriosa e me inspira tudo o que Ele quer que eu faça no momento presente.

Algumas horas antes de minha profissão, recebi de Roma, por meio do venerado Irmão Simeão, a bênção do Santo Padre, bênção muito preciosa que, por certo, ajudou-me a atravessar a mais furiosa tempestade de toda a minha vida.

Durante a piedosa vigília, ordinariamente tão suave, que precede a aurora do grande dia, de improviso minha vocação apareceu-me como um sonho, uma quimera; o demônio – certamente era ele – inspirou-me a convicção de que a vida do

Carmelo simplesmente não me convinha e que eu enganava os superiores ao continuar por um caminho para o qual não fora chamada. Minhas trevas tornaram-se tão espessas que me convenci de uma só coisa: não tendo vocação religiosa, devia voltar ao mundo.

Ah! como descrever minhas angústias! O que fazer em semelhante perplexidade? Decidi-me pelo melhor caminho: revelar, sem demora, essa tentação à nossa Mestra. Eu a fiz sair do coro e, cheia de confusão, expus-lhe o estado de minha alma. Felizmente, ela enxergou mais claro do que eu, contentou-se a rir de minha confiança e me acalmou completamente. Aliás, o ato de humildade que acabava de fazer afugentou o demônio como por encanto. O que ele queria era impedir-me de confessar minha perturbação e, com isso, prender-me em suas armadilhas. Mas eu também lhe dei minha resposta: para tornar minha humilhação mais completa, resolvi contar-lhe tudo, minha amada Madre, e sua consoladora resposta acabou por dissipar minhas dúvidas.

Desde a manhã do dia 8 de setembro, senti-me inundada por um rio de paz e, nessa paz *que excede todo o sentimento* (Fl 4,7), pronunciei os santos votos. Quantas graças implorei então! Sentia-me verdadeiramente "rainha", e aproveitei meu título para obter todos os favores do Rei em favor de seus súditos ingratos. Não esqueci ninguém: queria que nesse dia todos os pecadores da terra se convertessem, que o purgatório não retivesse mais cativo algum. Trazia também em meu coração este bilhetinho contendo o que desejava para mim:

> *Ó Jesus, meu divino Esposo, fazei que jamais se conspurque a veste do meu batismo! Levai-me deste mundo antes que manche a minha alma com a mais leve culpa voluntária. Que eu procure e encontre somente a Vós! Que as criaturas nada sejam para mim; e eu, nada para elas! Que nada desta terra perturbe minha paz.*
> *Ó Jesus, peço-vos somente a paz!... A paz, e sobretudo o AMOR sem medidas, sem limites! Jesus! que por Vós*

eu morra mártir; dai-me o martírio do coração ou do corpo. Ah! dai-me os dois!
Fazei-me cumprir meus compromissos em toda a sua perfeição, que ninguém se ocupe comigo, que eu seja calcada aos pés, esquecida como um pequeno grão de areia. Ofereço-me a Vós, meu Amado, a fim de cumprirdes perfeitamente a vossa santa vontade em mim, sem que jamais as criaturas consigam pôr um obstáculo.

No fim desse belo dia, foi sem tristeza que depus, conforme o costume, minha coroa de rosas aos pés da Santíssima Virgem; sentia que o tempo não levaria minha felicidade...

A Natividade de Maria! Que bela festa para se tornar a esposa de Jesus! Era a *pequena* Santíssima Virgem que apresentava sua *pequena* flor ao *pequeno* Jesus. Naquele dia, tudo era *pequeno*; excetuadas as graças que recebi, excetuadas a minha paz e minha alegria ao contemplar, à noite, as belas estrelas do firmamento, pensando que *logo* eu voaria para o céu para unir-me a meu divino Esposo, no gozo de uma alegria eterna.

No dia 24 realizou-se a cerimônia em que recebi o Véu. Essa festa foi totalmente *velada* de lágrimas. Papai estava muito doente para vir abençoar sua rainha; no último momento, o próprio Bispo Dom Hugonin, que devia presidir a cerimônia, foi impedido; enfim, por causa de mais algumas outras circunstâncias, tudo foi tristeza e amargura... Entretanto, a paz, sempre a paz, encontrava-se no fundo de meu cálice. Nesse dia, Jesus permitiu que não pudesse reter minhas lágrimas... e minhas lágrimas não foram compreendidas... Com efeito, eu havia suportado sem chorar provações muito maiores; mas, então, eu era ajudada por uma graça poderosa; enquanto que, no dia 24, Jesus abandonou-me às minhas próprias forças, e eu mostrei quão pequenas elas eram.

Oito dias depois de minha tomada do Véu, minha prima, Joana Guérin, casou-se com o Dr. La Néele. No parlatório que seguiu, ouvindo-a falar das atenções que dispensava a seu marido, senti meu coração estremecer e refleti: "Não se dirá que uma mulher do mundo faz mais por seu esposo, simples mortal, do que eu pelo meu amado Jesus". E, cheia de um novo ardor, esforcei-me mais do que nunca para, em todas as minhas ações, agradar ao Esposo celeste, ao Rei dos reis, que se havia dignado elevar-me até sua aliança divina.

Tendo lido a carta com a qual comunicava o casamento, diverti-me em compor o seguinte convite que li às noviças, para fazê-las notar o que me havia causado tanta impressão: como a glória das uniões da terra é coisa pouca, comparada aos títulos de uma esposa de Jesus:

> O DEUS TODO-PODEROSO, Criador do céu e da terra, soberano Dominador do mundo, e a Gloriosíssima Virgem Maria, Rainha da corte celeste, têm o prazer de vos anunciar o casamento espiritual de seu augusto Filho, Jesus, Rei dos reis e Senhor dos senhores, com Teresinha Martin, agora Dama e Princesa dos reinos que lhe foram dados em dote por seu divino Esposo: o Menino Jesus e sua Paixão, donde lhe vêm os títulos de nobreza: do MENINO JESUS E DA SAGRADA FACE.
> Não tendo podido convidar-vos para a festa das Núpcias, celebrada na Montanha do Carmelo, a 8 de setembro de 1890 – em que somente a corte celeste foi admitida –, estais, porém, convidadas a comparecer ao Retorno das Núpcias, que será Amanhã, dia da Eternidade, em que Jesus, Filho de Deus, virá sobre as nuvens do céu, no esplendor de sua majestade, para julgar os vivos e os mortos.
> Visto que a hora é ainda incerta, sois convidadas a estar preparadas e vigiar.

E agora, minha Madre, o que me resta dizer-vos? Foi em vossas mãos que me doei a Jesus, conheceis-me desde minha infância, tenho necessidade de vos escrever meus segredos? Ah! peço-vos que me perdoeis se abreviei demais a história de minha vida religiosa.

No ano que seguiu à minha profissão, recebi grandes graças durante o retiro geral. Os retiros pregados me costumam ser muito penosos; mas desta vez foi totalmente diferente. Eu me havia preparado por meio de uma fervorosa novena, pois pressentia que iria sofrer muito! Dizia-se que o Reverendo Padre sabia mais converter os pecadores do que fazer avançar as almas religiosas. Pois bem, serei, então, uma grande pecadora, porque o bom Deus serviu-se desse santo religioso para me consolar.

Na ocasião, eu passava por penas interiores de toda espécie, e me sentia incapaz de dizê-lo; mas minha alma expandiu-se perfeitamente, fui compreendida de maneira maravilhosa e mesmo adivinhada. O Padre lançou-me a plenas velas sobre as ondas da confiança e do amor, que me atraíram muito fortemente, mas sobre as quais não ousava avançar. Disse-me que minhas faltas não ofendiam o bom Deus: "Neste momento", acrescentou, "eu tomo o lugar dele diante de você; pois bem, asseguro-lhe, em nome dele, que Ele está muito contente com sua alma".

Oh! como fiquei feliz ao ouvir essas consoladoras palavras! Jamais ouvira que as faltas podiam não magoar o bom Deus. Essa declaração encheu-me de alegria; fez-me suportar pacientemente o exílio da vida. Na verdade, aliás, era o eco de meus pensamentos íntimos. Sim, há muito tempo eu acreditava que o Senhor é mais terno do que uma mãe, e eu conheço a fundo mais de um coração de mãe! Sei que uma mãe está sempre pronta a perdoar as pequenas indelicadezas involuntárias de seu filhinho. Quantas vezes não tive a doce experiência disso? Nenhuma repreensão ter-me-ia tocado tanto quanto uma única das carícias maternas; tenho uma natureza tal que o medo me faz recuar; com o amor, eu não só avanço mas voo!

Dois meses após esse abençoado retiro, nossa venerada Fundadora, Madre Genoveva de Santa Teresa, deixou nosso pequeno Carmelo para entrar no Carmelo do céu.

Porém, antes de falar-vos de minhas impressões no momento de sua morte, minha Madre, quero dizer-vos de minha felicidade por ter vivido muitos anos com uma santa, não digo inimitável, mas santificada por virtudes ocultas e ordinárias. Mais de uma vez recebi dela grandes consolações.

Um domingo, ao entrar na enfermaria para fazer-lhe minha visitinha, encontrei perto dela duas irmãs idosas. Retirei-me discretamente, quando ela me chamou e me disse com ar inspirado: "Espere, filhinha, tenho somente uma palavra a lhe dizer: sempre me pede um ramalhete espiritual; pois bem, hoje dou-lhe este: '*Sirva a Deus com paz e alegria; lembre-se, minha filha, que nosso Deus é o Deus da paz*'".

Após agradecer-lhe singelamente, saí comovida até as lágrimas e convencida de que o bom Deus lhe havia revelado o estado de minha alma. Naquele dia, sentia-me extremamente provada, quase triste, numa noite tal que eu já não sabia se era amada por Deus. Mas, minha Madre querida, podeis muito bem imaginar a alegria e o consolo que tomaram o lugar dessas trevas...

No domingo seguinte, quis saber que revelação a Madre Genoveva havia tido; afirmou-me não ter recebido nenhuma. Então, minha admiração foi ainda maior, por ver em que grau eminente Jesus vivia em sua alma e a fazia agir e falar. Ah! esta santidade parece-me a mais verdadeira, a mais *santa*; é esta que eu desejo, pois não há nela ilusão alguma.

No dia em que esta venerada Madre deixou o exílio pela pátria, recebi uma graça toda particular. Era a primeira vez que eu assistia a uma morte; verdadeiramente esse espetáculo era encantador! Mas durante as duas horas que passei ao pé do leito da santa agonizante, uma espécie de insensibilidade apoderara-se de mim; fiquei penalizada, mas no instante do nascimento de nossa Madre para o céu, minha disposição interior mudou radicalmente. Num fechar de olhos, senti-me repleta de uma alegria e de um fervor indizíveis, como se, naquele instante, a alma bem-aventurada de nossa santa Madre me tivesse dado uma parte da felicidade que ela já gozava; pois estou persuadida que ela foi direto para o céu.

Durante sua vida, um dia eu lhe disse: "Minha Madre, não passareis pelo purgatório". "Assim espero!", respondeu-me ela docemente. Por certo, o bom Deus não pôde iludir uma esperança acompanhada de tanta humildade; a prova disso são todos os favores que nós temos recebido.

Todas as irmãs se apressaram a solicitar uma relíquia de nossa Madre venerada; e vós sabeis, minha Madre, qual é a que eu conservo como preciosidade. Durante sua agonia, percebi uma lágrima que cintilava em sua pálpebra como um belo diamante. Esta lágrima, a última que ela derramou na terra, não caiu; vi-a brilhar ainda quando os restos mortais de nossa Madre foram expostos no coro. Então, tomando um paninho fino, ousei aproximar-me do esquife, sem ser vista por ninguém, e hoje tenho a felicidade de possuir a última lágrima de uma santa.

Não dou importância aos meus sonhos, que, aliás, raramente são simbólicos, e me pergunto até como pode acontecer que, pensando o dia todo no bom Deus, dele eu me ocupe tão pouco durante o sono. Ordinariamente, sonho com bosques, flores, riachos e o mar. Quase sempre vejo lindas criancinhas, pego borboletas e passarinhos que nunca tive ocasião de ver. Se meus sonhos têm uma aparência poética, vedes, minha Madre, que estão longe de ser místicos.

Uma noite, após a morte de Madre Genoveva, tive um sonho mais consolador. Esta santa Madre oferecia a cada uma de nós alguma coisa que lhe havia pertencido. Quando chegou minha vez, pensei que nada haveria de receber, pois suas mãos estavam vazias. Olhando-me com ternura, ela me disse por três vezes: "*A você deixo o meu coração*".

Um mês após essa morte tão preciosa diante de Deus, isto é, nos últimos dias de 1891, grassou uma epidemia de influenza na comunidade; eu fui atacada levemente e permaneci de pé com outras duas irmãs. Não é possível imaginar o estado lamentável de nosso Carmelo nesses dias de luto. As mais doentes eram tratadas por aquelas que a custo se arrastavam; por toda parte reinava a morte; assim que uma de nossas irmãs exalava o último suspiro, infelizmente, era forçoso abandoná-la imediatamente.

O dia dos meus 19 anos foi entristecido pela morte de nossa venerada Madre Vice-Priora; com a enfermeira, eu a assisti durante sua agonia. Essa morte foi logo seguida de outras duas. No momento, eu estava só na sacristia e me pergunto como pude atender a tudo.

Uma manhã, ao toque de despertar, tive o pressentimento de que Irmã Madalena já não estava. O dormitório[18] encontrava-se totalmente às escuras; ninguém saía das celas. Por isso, decidi entrar na cela de Irmã Madalena, que, de fato, vi vestida e deitada sobre seu enxergão na imobilidade da morte. Não tive o menor susto; correndo para a sacristia, trouxe rapidamente uma vela e coloquei-lhe na cabeça uma coroa de rosas. Em meio a tal abandono, sentia a mão do bom Deus e seu Coração que velava sobre nós! Sem esforço, nossas Irmãs passavam a uma vida melhor; uma expressão de alegria celeste espalhava-se sobre seu rosto, e elas pareciam repousar num sono suave.

Durante as longas semanas de provações, tive o inefável consolo de receber diariamente a santa comunhão. Ah! que delícia! Por muito tempo, Jesus me acariciou, mais demoradamente do que suas fiéis esposas. Após a influenza, quis vir a mim por alguns meses ainda, sem que a comunidade participasse de minha felicidade. Não havia pedido essa exceção, mas estava muito feliz por unir-me diariamente ao meu Amado.

Eu era feliz também por poder tocar nos vasos sagrados e preparar os corporais destinados a receber a Jesus. Sentia que devia ser bem mais fervorosa, e me lembrava com frequência das palavras dirigidas a um santo diácono: "*Purificai-vos, vós que levais os vasos do Senhor*" (Is 52,11).

---

18. Corredor para o qual davam as portas das celas.

Que vos direi, minha Madre, de minhas ações de graças nesse tempo e sempre? Não há momentos em que seja menos consolada! E isso não é muito natural, já que não desejo receber a visita de Nosso Senhor para minha satisfação, mas unicamente para agradar a Ele?

Imagino minha alma como um terreno vazio, e peço à Santíssima Virgem que remova os entulhos, que são as imperfeições; a seguir, suplico-lhe que ela mesma erga uma vasta tenda digna do céu e a enfeite com seus próprios adornos. Depois convido todos os Anjos e Santos a vir entoar cânticos de amor. Parece-me, então, que Jesus se alegra por se ver tão magnificamente recebido; e eu tomo parte na sua alegria. Tudo isso não impede que as distrações e o sono venham importunar-me; assim, não é raro que eu tome a resolução de continuar minha ação de graças o dia todo, já que a fiz tão mal no coro.

Estais vendo, minha venerada Madre, que estou bem longe de andar pela senda do temor; sempre sei encontrar o meio de ser feliz e de tirar proveito de minhas misérias. O próprio Nosso Senhor estimula-me a perseverar nesse caminho. Uma vez, contra o meu costume, senti-me perturbada ao me dirigir à Mesa sagrada. Há vários dias, o número de hóstias não era suficiente e eu recebia somente uma parcela; naquela manhã, fiz a seguinte reflexão sem grande fundamento: "Se hoje eu receber só a metade de uma hóstia, devo crer que Jesus vem de má vontade ao meu coração!" Aproximo-me... Ó felicidade! Detendo-se, o sacerdote me dá *duas hóstias bem separadas*! Não é uma resposta atenciosa?

Minha Madre, quantos motivos tenho de ser agradecida a Deus! Faço-vos mais uma estranha confidência: O Senhor usou comigo a mesma misericórdia que teve com o Rei Salomão. Todos os meus desejos foram satisfeitos; não somente meus desejos de perfeição, mas também aqueles cuja vaidade eu compreendia sem tê-la experimentado. Tendo sempre visto a Madre Inez de Jesus como meu ideal, eu queria assemelhar-

-me a ela em tudo. Vendo-a pintar encantadoras miniaturas e compor belas poesias, pensei que seria feliz se eu também soubesse pintar[19], pudesse exprimir meus pensamentos em verso e fazer algum bem ao meu redor. Entretanto, não ousei pedir esses dons naturais, e meus desejos permaneceram escondidos no fundo do meu coração.

Jesus, escondido neste pobre coraçãozinho, dignou-se mostrar-lhe mais uma vez o nada de tudo que é passageiro. Com grande admiração da comunidade consegui realizar vários trabalhos de pintura, compus poesias e me foi concedido fazer o bem a algumas almas. E como Salomão, que, *refletindo sobre todas as obras de suas mãos e os trabalhos em que debalde tinha suado, viu em tudo vaidade e aflição de espírito e que nada havia de estável debaixo do sol* (Ecl 2,11), também eu reconheci, por experiência, que a única felicidade da terra consiste em se esconder e ficar num total desconhecimento das coisas criadas. Compreendi que, sem o amor, todas as obras são um nada, mesmo as mais estupendas. Em vez de me fazer mal, de prejudicar minha alma, os dons que o Senhor me prodigalizou levam-me para Ele, vejo que somente Ele é imutável, só Ele é capaz de satisfazer meus imensos desejos.

Mas já que estou no capítulo de meus desejos, acrescento que há alguns de outro gênero, que o divino Mestre quis satisfazer: desejos infantis, semelhantes àquele *da neve* na minha tomada de hábito. Minha Madre, sabeis bem de meu amor pe-

---

19. Teresa guardava esse desejo em seu coração desde sua infância. Eis o que nos confiou mais tarde: "Contava eu dez anos de idade no dia em que meu pai anunciou à Celina que a faria receber aulas de pintura. Eu estava presente e senti inveja de sua felicidade. Papai me disse: 'E você, minha pequena rainha, também gostaria de aprender desenho?'. Eu ia responder um sim muito alegre, quando Maria fez notar que eu não tinha as mesmas disposições que Celina. Rapidamente ela ganhou a causa: e eu, pensando que isso era uma boa ocasião de oferecer um grande sacrifício a Jesus, fiquei em silêncio. Ambicionava aprender o desenho com tanto ardor que, ainda hoje, me pergunto como tive a força de me calar".

las flores. Fazendo-me prisioneira aos quinze anos, renunciei para sempre à felicidade de correr pelos campos esmaltados com os tesouros da primavera. Pois bem, nunca possuí tantas flores como depois de minha entrada para o Carmelo!

No mundo é costume que os noivos ofereçam belos ramalhetes às suas noivas; Jesus não se esqueceu disso... Para seu altar, recebi grande quantidade de malmequeres, de papoulas, de grandes margaridas, de todas as flores que mais me encantam. Uma florzinha de minhas amigas, chamada nigela dos trigais, foi a única que faltou no encontro; esperava muito revê-la, e eis que ultimamente ela veio me sorrir e mostrar-me que, tanto nas pequenas coisas como nas grandes, neste mundo o bom Deus doa o cêntuplo às almas que tudo deixaram por seu amor.

Um único desejo, o mais íntimo de todos e, por diversos motivos, o mais irrealizável, ainda me restava. Esse desejo era a entrada de Celina para o Carmelo de Lisieux. Contudo, já havia feito todo o sacrifício, confiando unicamente a Deus o futuro de minha querida irmã. Aceitava até que ela partisse para o fim do mundo, se fosse necessário, mas queria vê-la, como eu, esposa de Jesus. Ah! como sofri ao saber que no mundo ela estava exposta aos perigos que não chegara a conhecer! Posso dizer que minha afeição fraternal se assemelhava antes a um amor de mãe, estava repleta de devotamento e de solicitude por sua alma.

Um certo dia, ela teve de acompanhar minha tia e minhas primas a uma reunião mundana. Não sei o motivo, mas senti mais aflição do que nunca e derramei uma torrente de lágrimas, suplicando a Nosso Senhor que *a impedisse de dançar*... O que de fato aconteceu! Não permitiu que sua pequena esposa pudesse dançar naquela noite – embora habitualmente ela não tivesse dificuldade de fazê-lo com graça.

Até seu par viu-se incapaz de o fazer, e não pôde fazer mais do que *caminhar muito religiosamente com sua dama*, com grande admiração de toda a assistência. Depois disso, o pobre senhor esquivou-se envergonhado e não apareceu um só instante no sarau. Essa aventura, única em seu gênero, fez-me crescer em confiança e me mostrou claramente que o sinal de Jesus estava posto também na fronte de minha querida irmã.

No dia 29 de julho de 1894, o Senhor chamou a si meu bom pai, tão provado e tão santo! Durante os dois anos que precederam à sua morte, tornando-se geral a paralisia, meu tio aceitou-o em sua casa, enchendo sua dolorosa velhice de todas as atenções. Mas devido ao seu estado de enfermidade e de impotência, durante sua doença, nós só o vimos uma vez no locutório. Ah! que entrevista! Na hora de nos despedirmos, quando lhe dizíamos adeus, ele elevou os olhos e, mostrando-nos o céu com o dedo, permaneceu assim por longo tempo, não tendo para traduzir seu pensamento senão uma palavra, que pronunciou com voz embargada pelas lágrimas: "*No céu!!!*"

Tendo esse belo céu se tornado sua partilha, estavam rompidos os laços que retinham no mundo *seu anjo consolador*. Mas os anjos não permanecem na terra: assim que cumpriram sua missão, retornam imediatamente para Deus, e é por isso que eles têm asas! Por isso, Celina procurou voar para o Carmelo. Infelizmente, as dificuldades pareciam intransponíveis. Um dia, em que seus negócios embaralhavam-se sempre mais, após a santa comunhão eu disse a Nosso Senhor: "Bem sabeis, meu Jesus, quanto desejei que a provação de meu pai lhe servisse de purgatório. Oh! bem gostaria de saber se meus votos são atendidos. Não vos peço que me faleis, peço-vos apenas um sinal: Conheceis a oposição de Irmã à entrada de Celina; pois bem, se doravante ela não puser mais obstáculos, isso será vossa resposta e, por este fato, dir-me-eis que meu pai foi diretamente para o céu".

Ó misericórdia infinita! Condescendência inefável! O bom Deus, que mantém em sua mão o coração das criaturas e o inclina como quer, mudou as disposições dessa irmã. A primeira pessoa que encontrei imediatamente após a ação de graças foi ela mesma, que, chamando-me, com lágrimas nos olhos, falou-me da entrada de Celina, testemunhando-me tão somente o mais vivo desejo de vê-la entre nós! E logo o Sr. Bispo, cortando as últimas dificuldades, permitiu-vos, minha Madre, sem a menor hesitação, abrir nossas portas à pombinha exilada[20].

Agora, não me resta nenhum outro desejo, senão amar a Jesus até a loucura! Sim, somente o AMOR me atrai. Já não desejo o sofrimento nem a morte, embora ame a ambos! Pedi-os por muito tempo, como mensageiros de alegria... Possuí os sofrimentos e julguei tocar a margem do céu! Julguei, desde a mais tenra juventude, que a florzinha seria colhida na sua primavera; hoje, guia-me somente o abandono, não tenho outra bússola. Já não sei pedir nada com ardor, senão o perfeito cumprimento da vontade de Deus a respeito de minha alma. Posso repetir essas palavras do cântico de nosso Pai São João da Cruz:

> No interior da adega
> Do meu Amado, bebi; e quando saía,
> Por toda aquela várzea
> Já nada mais sabia
> E o rebanho perdi que antes seguia.
> Minha alma se há votado,
> Com todos os recursos a meu serviço;
> Já não guardo mais o gado,
> Nem mais tenho outro ofício,
> Que só amar é já meu serviço.

Ou ainda:

> Depois que o experimentei,
> O *amor* é tão potente em obras
> Que de tudo tira proveito.
> E do bem e do mal que há em mim
> A minha alma transforma em si.

---

20. Foi no dia 14 de setembro de 1894. *Celina* tornou-se *Irmã Genoveva de Santa Teresa.*

Ó minha Madre, como é doce a senda *do amor*! Sem dúvida, podemos cair, podemos cometer infidelidades; mas o amor, que sabe *tirar proveito de tudo*, bem depressa consome *tudo* o que possa desagradar a Jesus, não deixando no fundo do coração senão uma humilde e profunda paz.

Ah! quantas luzes tirei das obras de São João da Cruz! Na idade de dezessete ou dezoito anos, não tinha outro alimento. Mais tarde, porém, todos os autores espirituais deixaram-me na aridez; e ainda me encontro nesse estado. Se abro um livro, mesmo o mais belo, o mais tocante, meu coração se fecha imediatamente, e leio sem poder compreender ou, se compreendo, meu espírito se afasta sem poder meditar.

Nessa impotência, a Sagrada Escritura e a Imitação vêm em meu socorro; nelas encontro um maná escondido, sólido e puro. Mas é sobretudo o Evangelho que me entretém durante minhas orações; lá encontro tudo quanto necessita a pobrezinha de minha alma. Ali descubro sempre novas luzes, sentidos ocultos e misteriosos. Compreendo e sei por experiência que *o Reino de Deus está dentro de nós* (Lc 17,21). Jesus não necessita de livros nem de doutores para instruir as almas; Ele, o Doutor dos doutores, ensina sem o ruído das palavras. Jamais o ouvi falar; mas sinto que Ele está em mim. A cada instante, Ele me guia e me inspira; exatamente no momento em que me são necessários, percebo clarões até então desconhecidos. Na maioria das vezes, não brilham a meus olhos nas horas de oração, mas no meio das ocupações do dia.

Às vezes, porém, vem me consolar uma palavra como esta – que eu encontrei esta tarde, no fim de uma oração passada na aridez: "Eis o Mestre que te dou, Ele te ensinará tudo o que deves fazer. Quero fazer-te ler no Livro da vida onde está contida *a ciência do amor*"[21]. A ciência do amor! Ah! essa palavra ressoa docemente ao ouvido de minha alma. E só desejo essa ciência! Por ela, *tendo dado todas as minhas*

21. Nosso Senhor a Santa Margarida Maria.

riquezas, como a esposa dos cânticos, *creio não ter dado nada* (Ct 8,7).

Ó minha Madre, após tantas graças, será que não posso cantar com o Salmista *como o Senhor é bom, porque a sua misericórdia é eterna?* (Sl 106,1). Parece-me que, se todas as criaturas recebessem os mesmos favores, Deus não seria temido por ninguém, mas *amado* ao extremo; movida pelo amor, e jamais pelo temor, nunca alma alguma cometeria a menor falta voluntária. Mas enfim, compreendo que todas as almas não podem ser semelhantes; é preciso que haja almas de diferentes famílias, para que honrem especialmente cada uma das perfeições divinas. A mim, deu-me sua MISERICÓRDIA INFINITA, e é através desse espelho inefável que contemplo seus outros atributos. Então, todos me aparecem radiantes de AMOR: *a própria justiça*, mais do que as outras talvez, parece-me revestida *de amor*. Que doce alegria pensar que o Senhor é justo, isto é, que Ele leva em conta as nossas fraquezas, que conhece perfeitamente a fragilidade de nossa natureza! Portanto, o que hei de temer? O bom Deus, infinitamente justo, que se dignou perdoar com tanta misericórdia as faltas do filho pródigo, não deverá ser *justo* também comigo, *que estou sempre com Ele?* (Lc 15,31). Em 1895, recebi a graça de compreender mais do que nunca quanto Jesus deseja ser amado. Um dia, pensando nas almas que se oferecem como vítimas à justiça de Deus, desejosas de desviar os castigos reservados aos pecadores, atraindo-os para si, considerei esta oferenda grande e generosa, mas eu estava muito longe de me sentir disposta a fazê-lo.

"Ó meu divino Mestre", exclamei do fundo do meu coração, "será possível que somente vossa justiça recebe hóstias de holocausto?" *Vosso amor misericordioso* não terá também necessidade delas? Em todas as partes ele é desconhecido, rejeitado... os corações aos quais desejais prodigalizá-lo voltam-se para as criaturas, pedindo-lhes a felicidade com a miserável afeição de um instante, ao invés de se lançarem em vossos braços, aceitando a deliciosa fornalha do vosso amor infinito.

"Ó meu Deus, vosso amor menosprezado permanecerá encerrado em vosso Coração?" Parece-me que se encontrásseis almas que se oferecem como VÍTIMAS DE HOLOCAUSTO AO VOSSO AMOR, Vós as consumiríeis rapidamente, que vos sentiríeis feliz por simplesmente não conter as chamas de infinita ternura que em Vós estão aprisionadas.

"Se vossa justiça se compraz em se descarregar, ela que se estende somente sobre a terra, quanto mais vosso amor misericordioso deseja abrasar as almas, pois *vossa misericórdia eleva-se até os céus!* (Sl 35,6). Ó Jesus, que eu seja essa feliz vítima, consumi vossa pequena hóstia pelo fogo do divino amor".

Minha Madre, sabeis que chamas, ou melhor, que oceanos de graças vieram inundar minha alma logo depois de minha doação a 9 de junho de 1895. Ah! depois desse dia, o amor me penetra e me envolve; a cada instante, esse amor misericordioso me renova, purifica-me e não deixa em meu coração vestígio algum de pecado. Não, não posso temer o purgatório; sei que nem sequer mereço entrar com as almas santas nesse lugar de expiação; mas sei também que o fogo do amor é mais santificante do que o do purgatório, sei que Jesus não pode querer para nós sofrimentos inúteis e que Ele não me inspiraria os desejos que me abrasam, se não quisesse satisfazê-los.

9
O Elevador divino – Primeiros convites para as alegrias eternas – A noite escura – A mesa dos pecadores – Como este anjo terrestre entende a caridade fraterna – Uma grande vitória – Um soldado desertor

Caminho da infância espiritual: confiança

> *Serei teu guia constante. Transportar-te-ei em triunfo para as alturas do céu* (Is 58).
>
> *"Sou demasiado pequena para galgar a difícil escada da perfeição... O ascensor que deve elevar-me até o céu, são vossos braços, ó Jesus!"*

Minha amada Madre, eu pensava ter terminado, e me pedis mais detalhes sobre minha vida religiosa. Não quero replicar, mas não posso deixar de rir ao tomar novamente a pena para vos narrar coisas que sabeis tão bem quanto eu; de qualquer forma, obedeço. Não quero indagar que utilidade pode ter este manuscrito; confesso-vos, minha Madre, que se o queimar sob os meus olhos, antes mesmo de lê-lo, não ficaria penalizada.

Era convicção geral na comunidade que me havíeis mimado de todas as formas depois de minha entrada para o Carmelo; mas *o homem só vê o que está patente, Deus olha para o fundo do coração* (1Sm 16,7). Ó minha Madre, agradeço-vos mais uma vez por não me ter poupado; Jesus sabia muito bem que sua florzinha precisava da água vivificante da humilhação, ela era demasiado fraca para lançar raízes sem esse meio, e é a vós que ela deve esse inestimável benefício.

Depois de alguns meses, o divino Mestre mudou completamente sua maneira de fazer brotar sua florzinha: sem dúvida, julgando-a suficientemente regada, agora Ele a deixou crescer sob os raios escaldantes de um sol resplandecente. Não quer para ela senão seu sorriso, que Ele lhe dá ainda através de vós, minha venerada Madre. Longe de secar sua florzinha, esse doce sol a faz crescer maravilhosamente. No fundo de seu cálice, ela conserva as preciosas gotas de orvalho que recebeu outrora; e essas gotas recordar-lhe-ão sempre que ela é pequena e fraca. Todas as criaturas podiam inclinar-se para ela, admirá-la, cumulando-a de seus louvores; isso jamais acrescentaria uma sombra de vã satisfação à verdadeira alegria que ela saboreia em seu coração, vendo-se aos olhos de Deus um pobre ser desprezível, nada mais.

Dizendo que todos os louvores me deixaram insensível, não entendo falar, minha Madre, do amor e da confiança que me manifestáveis; ao contrário, sou-vos imensamente grata por isso, mas sinto que nada tenho a temer, pois hoje posso gozá-los à vontade, atribuindo ao Senhor aquilo que de bom Ele quis pôr em mim. Se lhe apraz fazer-me parecer melhor do que sou, isso nada tem a ver comigo, Ele é livre de agir como lhe parece.

Meu Deus, como são diferentes os caminhos pelos quais conduzis as almas! Na vida dos Santos, vemos que muitos deles não deixaram vestígio algum após sua morte: nem a menor recordação ou um escrito sequer. Existem outros, ao contrário, como nossa Madre Santa Teresa, que enriqueceram a Igreja com sua doutrina sublime, não temendo *revelar os segredos do Rei* (Tb 12,7), a fim de que Ele seja mais conhecido, mais amado pelas almas. Entre esses dois caminhos, qual será mais do agrado de Nosso Senhor? A meu ver, ambos são igualmente agradáveis.

Todos os amados de Deus seguiram o movimento do Espírito Santo, que fez o profeta escrever: "*Dizei ao justo que ele será bem-sucedido*" (Is 3,10). Sim, tudo está bem quando se busca somente a vontade divina; é por isso que eu, pobre florzinha, obedeço a Jesus procurando agradar àquela que junto a mim o representa nesta terra.

Minha Madre, não ignorais que meu desejo sempre foi de me tornar santa; mas ai!, sempre constatei que, ao me comparar aos santos, existe entre mim e eles a mesma diferença que vemos na natureza de uma montanha, cujo cume se perde nas nuvens, e o obscuro grão de areia pisado pelos pés dos transeuntes.

Em vez de desanimar, eu disse para mim mesma: "O bom Deus não saberia inspirar desejos irrealizáveis; posso, pois, apesar de minha pequenez, aspirar à santidade. Sendo-me impossível crescer, devo suportar-me assim como sou, com minhas inúmeras imperfeições; mas buscarei o meio de ir para o céu por uma viazinha direta, muito curta, uma veredazinha inteiramente nova. Vivemos num século de invenções: agora já não se sofre muito para subir os degraus de uma escada; entre os ricos, um ascensor os substitui com vantagem. De minha parte, gostaria de encontrar um ascensor que me levasse até Jesus, pois sou demasiado pequena para galgar a difícil escada da perfeição".

Então, pedi aos Livros Sagrados que me indicassem o *ascensor*, objeto de meu desejo; e li as seguintes palavras da própria boca da Sabedoria eterna: "*Todo o que é simples, venha a mim*" (Pr 9,4). Por isso, aproximei-me de Deus, na absoluta certeza de que havia descoberto o que procurava; querendo ainda saber o que Ele faria a este *pequenino*, continuei minhas buscas, e eis o que encontrei: "*Como a mãe acaricia o seu filhinho, assim eu vos consolarei, ao meu seio sereis levados e acariciados sobre meus joelhos*" (Is 66,12-13).

Ah! jamais palavras tão ternas, tão melodiosas, vieram alegrar a minha alma. O ascensor que deve elevar-me até o céu *são vossos braços, ó Jesus*! Para isso não é necessário que eu cresça; ao contrário, é preciso que eu seja pequena e o seja sempre mais. Ó meu Deus, fostes além do que eu esperava, e quero agora cantar vossas misericórdias! *Vós me instruístes desde a minha mocidade, e até agora publiquei as vossas maravilhas: continuarei a publicá-las até a mais avançada idade* (Sl 70,17-18).

Qual será para mim essa idade avançada? Parece-me que isso poderia muito bem ser agora, como mais tarde; aos olhos do Senhor, dois mil anos não são mais do que vinte anos... que um dia apenas!

Contudo, minha Madre, não imagineis que vossa filha deseja abandonar-vos, considerando maior graça morrer ao raiar da aurora do que no fim do dia; o que ela considera, o que ela deseja, é unicamente agradar a Jesus. Agora que Ele parece aproximar-se dela para atraí-la para a morada da glória, seu coração se rejubila; ela sabe, já compreendeu, que o bom Deus não precisa de ninguém, muito menos dela, para fazer o bem sobre a terra.

Entretanto, minha venerada Madre, conheço vossa vontade: é vosso desejo que eu cumpra junto a vós uma missão muito suave e fácil[22]; missão esta que hei de terminá-la do alto dos céus. Dissestes-me, como Jesus a São Pedro: "*Apascenta as minhas ovelhas*"; e eu fiquei admirada, vi-me demasiado pequena, supliquei-vos que apascentásseis pessoalmente as vos-

22. Ela exercia o cargo de Mestra das noviças, sem ter o título.

sas ovelhinhas e me concedêsseis a graça de guardar-me entre elas. Respondendo um pouco ao meu justo desejo, nomeastes-me antes a primeira companheira delas do que sua mestra, ordenando-me, porém, que as conduzisse a pastagens férteis e sombreadas, indicando-lhes as ervas melhores e mais fortificantes, apresentando-lhes com cuidado as flores fascinantes mas venenosas, que elas jamais deviam tocar a não ser para esmagá-las sob seus pés.

Minha Madre, como pode ter acontecido que minha juventude, minha inexperiência, não vos tenha causado medo? Como não receastes que eu deixasse desgarrar-se as suas ovelhinhas? Agindo assim, talvez tenhais vos recordado que, muitas vezes, o Senhor se compraz em dar a sabedoria aos mais pequenos.

Na terra, são muito raras as almas que não medem o poder divino por suas ideias acanhadas! O mundo vê perfeitamente que, cá embaixo, há exceções por toda a parte; só o bom Deus não tem o direito de fazê-las. Sei que há muito tempo existe entre os homens o costume de medir a experiência pelo número dos anos; afinal, em sua adolescência, o santo Rei Davi cantava ao Senhor: "*Eu sou pequeno e desprezível*". Porém, no mesmo salmo não temeu dizer: "*Tornei-me mais prudente do que os anciãos, porque busquei vossa vontade. Vossa palavra é a lâmpada que aclara os meus passos; estou pronto a cumprir vossos decretos e nada me perturba*" (Sl 118,141,100,105-106).

Nem mesmo julgastes imprudente, minha Madre, dizer-me um dia que o divino Mestre iluminava minha alma e me dava a experiência dos anos. Sou agora demasiado pequena para ter vaidade, sou também demasiado pequena para saber burilar belas frases, a fim de fazer acreditar que tenho grande humildade; prefiro aceitar simplesmente *que o Todo-poderoso fez em mim grandes coisas* (Lc 1,49); e a maior delas é ter-me mostrado minha pequeneza, minha incapacidade de praticar o bem.

Minha alma conheceu muitas espécies de provações, tenho sofrido muito no mundo! Na minha infância eu sofria com tristeza; hoje saboreio todos os frutos amargos na paz e na alegria. Para não rir ao ler estas páginas, confesso-o, é preciso que minha querida Madre me conheça intimamente; pois haverá uma alma aparentemente menos provada do que a minha? Ah! se o martírio que sofro há um ano aparecesse aos olhos, quanta admiração despertaria! Já que o desejais, vou tentar descrevê-lo; mas não existem termos para explicar essas coisas, e eu estarei sempre aquém da realidade.

Durante a quaresma do ano passado, sentia-me mais forte do que nunca, e essa força, apesar do jejum que eu observava com todo o rigor, manteve-se perfeitamente até a Páscoa; quando na Sexta-feira Santa, às primeiras horas, Jesus deu-me a esperança de que logo iria juntar-me a Ele em seu belo céu. Oh! quanto me é doce esta lembrança!

Na quinta-feira à tarde, não tendo obtido a permissão de permanecer junto ao túmulo a noite toda, à meia-noite recolhi-me à minha cela. Mal acabava de pousar minha cabeça no travesseiro, quando senti uma golfada de sangue subir borbulhante até os meus lábios; acreditei que ia morrer e meu coração partiu-se de alegria. Todavia, já que acabara de apagar nossa lamparina, mortifiquei minha curiosidade até o amanhecer e adormeci pacificamente.

Às cinco horas, tendo sido dado o sinal de acordar, pensei logo que eu tinha alguma coisa de feliz a esperar; e, aproximando-me da janela, constatei-o logo ao encontrar nosso lenço cheio de sangue. Ó minha Madre, que esperança! Estava intimamente persuadida de que, nesse dia, aniversário de sua morte, meu Amado me fazia ouvir seu primeiro chamado, como um doce e distante murmúrio que me anunciava sua feliz chegada.

Foi com grande fervor que eu assisti à Prima, e depois ao Capítulo. Eu tinha pressa de estar aos joelhos de minha Madre para confiar-lhe minha felicidade. Não sentia a menor fadiga, o menor sofrimento, e até obtive com facilidade a permissão de terminar minha quaresma como a havia começado; nesse dia da Sexta-feira Santa, participei de todas as austeridades do Carmelo, sem alívio algum. Ah! jamais essas austeridades me pareceram tão deliciosas... A esperança de ir para o céu extasiava-me de alegria.

Na tarde desse dia feliz, entrei radiante de alegria em nossa cela e estava por me adormecer tranquila, quando, como na noite precedente, o bom Jesus me deu o mesmo sinal de minha próxima entrada para a vida eterna. Senti, então, uma fé tão viva, tão clara, que o pensamento do céu era toda a minha felicidade; não conseguia crer que houvesse ímpios sem fé e me persuadi de que, certamente, eles falavam contra sua convicção ao negar a existência de outro mundo.

Nos tão luminosos dias do tempo pascal, Jesus me fez compreender que, realmente, existem almas sem fé e sem esperança que, pelo abuso das graças, perdem tais preciosos tesouros, fonte das únicas alegrias puras e verdadeiras. Permitiu que minha alma fosse invadida pelas mais espessas trevas e que o pensamento do céu, tão doce para mim desde minha tenra infância, se tornasse um objeto de combate e de tormento. A duração dessa prova não se havia limitado a alguns dias, a algumas semanas; há meses que a sofro e ainda aguardo a hora de minha libertação. Quereria poder expressar o que sinto, mas é impossível! É preciso ter viajado sob esse sombrio túnel para compreender sua escuridão. Todavia, tentarei explicá-lo por meio de uma comparação.

Suponho que nasci num país cercado de espessos nevoeiros; nunca tive ocasião de contemplar o risonho aspecto da natureza, jamais vi um único raio de sol. É verdade que desde minha infância ouço falar dessas maravilhas, sei que o país em que habito não é minha pátria, que há outro pelo qual devo suspirar incessantemente. Esta não é uma história inventada por um habitante dos nevoeiros, é uma verdade indiscutível, pois o Rei da pátria onde brilha o sol veio passar trinta e três anos no país das trevas... Infelizmente, *as trevas simplesmente não compreenderam que Ele era a luz do mundo* (Jo 1,5).

Mas vossa filha, Senhor, compreendeu vossa divina luz!... e vos pede perdão por seus irmãos incrédulos, aceita comer o pão da dor pelo tempo que quiserdes e, por vosso amor, ela se senta a esta mesa de amargura, onde os pobres pecadores tomam seu alimento, e da qual ela não quer se levantar antes de receber o sinal de vossa mão. Mas, em seu próprio nome e em nome de seus irmãos culpados, não poderia ela dizer: "*Tende piedade de nós, Senhor, porque somos pobres pecadores*"? (Lc 18,13). Despedi-nos justificados! Que todos aqueles que ainda não foram alumiados pela chama da fé possam, enfim, vê-la luzir! Ó meu Deus, se for preciso que a mesa por eles profanada seja purificada por uma alma que vos ama, eis-me pronta a comer sozinha o pão das lágrimas, até que vos agradar introduzir-me em vosso reino luminoso; a única graça que vos peço é a de jamais vos ofender.

Dizia-vos, minha Madre, que desde a minha infância foi-me dada a certeza de um dia ir para longe de meu país tenebroso; eu acreditava não somente por ouvir dizer mas também sentia no meu coração, através de aspirações íntimas e profundas, que outra terra, uma região mais bela, um dia servir-me-ia de morada estável, como o gênio de Cristóvão Colombo fazia-lhe pressentir um novo mundo. Acontece que, de repente, os nevoeiros que me envolvem penetram em minha alma e me cercam de tal modo, que já não me é possível encontrar em mim mesma a imagem tão doce de minha pátria... Tudo desapareceu!...

Meu tormento redobra quando desejo repousar meu coração, cansado pelas trevas que o cercam, com a lembrança reconfortadora de uma vida futura e eterna. Parece-me que, tomando emprestada a voz dos ímpios, as trevas me dizem em tom de escárnio: "Tu sonhas a luz, uma pátria embalsamada, tu sonhas a posse eterna do Criador destas maravilhas, tu esperas um dia sair dos nevoeiros onde definhas; anda!... anda!... alegra-te com a morte que não te dará aquilo que esperas, mas uma noite mais profunda ainda, a noite do nada!...".

Amada Madre, esta imagem de minha provação é tão imperfeita quanto o esboço comparado ao modelo; contudo, não quero escrever mais, tenho medo de blasfemar... receio até ter falado demais. Ah! que Deus me perdoe! Ele sabe perfeitamente que, embora não tenha o gozo da fé, esforço-me por praticar as obras. Tenho feito mais atos de fé no espaço de um ano do que durante toda a minha vida.

A cada nova ocasião de combate, quando meu inimigo quer me provocar, comportei-me como um valente: sabendo que é uma covardia bater-se em duelo, volto as costas a meu adversário sem jamais olhá-lo de frente; depois corro para meu Jesus, digo-lhe que estou pronta a derramar todo o meu sangue para confessar a existência do céu, digo-lhe que sou afortunada por não poder contemplar na terra, com os olhos da alma, esse belo céu que me espera, a fim de que Ele se digne abri-lo por toda a eternidade aos pobres incrédulos.

Igualmente, apesar de esta provação me roubar todo o sentimento de gozo, ainda posso exclamar: "*Senhor, encheis-me de alegria por tudo o que fazeis*" (Sl 92,5). Pois haverá maior alegria do que sofrer por vosso amor? Quanto mais intenso é o sofrimento, menos aparece aos olhos das criaturas, mais vos faz sorrir, ó meu Deus! E, se por acaso, o que é impossível, Vós mesmo o ignorardes, seria ainda feliz em sofrer, na esperança de que, por minhas lágrimas, eu poderia impedir ou reparar talvez uma só falta cometida contra a fé.

Minha venerada Madre, sem dúvida sereis levada a crer que exagero um pouco ao descrever a noite de minha alma. Se julgardes pelas poesias que compus neste ano, devo parecer-vos inundada de consolações, uma criança para a qual o véu da fé quase se rasgou! E no entanto... já não é um véu, mas um muro que se ergue até o céu e cobre o firmamento estrelado!

Quando canto a felicidade do céu, a eterna posse de Deus, não sinto nisso alegria alguma; porque canto simplesmente *o que quero crer*. Por vezes, não nego, um raiozinho de sol aclara minha noite sombria, então a provação cessa por um instante; mas logo a lembrança desse raio, ao invés de me consolar, torna minhas trevas mais espessas ainda.

Ah! nunca senti tão bem que o Senhor é doce e misericordioso; Ele não me enviou esta pesada cruz senão no momento em que eu podia carregá-la; creio que outrora ela me teria lançado no desânimo. Hoje produz unicamente uma coisa: tira-me todo o sentimento de satisfação natural na minha aspiração pela pátria celeste.

Minha Madre, parece-me que no presente nada me impede de alçar voo, pois não tenho grandes desejos, a não ser o de amar até morrer de amor... Estou livre, não tenho receio algum, nem sequer aquele que mais temia, isto é, o medo de ter uma doença prolongada e, por conseguinte, ser um peso para a comunidade. Se isso agradar ao bom Deus, de boa vontade consinto que se prolongue por anos a minha vida de sofrimentos do corpo e da alma. Oh! não, não receio uma longa vida, não recuso o combate: "*Bendito seja o Senhor Deus meu, que adestra as minhas mãos para a batalha e os meus dedos para a guerra; Ele é meu escudo, e é nele que espero*" (Sl 143,1-2). Jamais pedi a Deus para morrer jovem; é verdade, nunca deixei de pensar que assim seria, mas sem nada fazer para o conseguir.

Muitas vezes, o Senhor se contenta com o desejo de trabalharmos para sua glória; e minha Madre sabe que meus desejos foram bem grandes! Sabe também que Jesus me apresentou mais de um cálice amargo em relação às minhas irmãs queridas! Ah! o santo Rei Davi tinha razão quando cantava: "*Quão bom e quão suave é viverem os irmãos em união!*" (Sl 132,1). Mas é no meio de sacrifícios que essa união deve realizar-se sobre a terra. Não, não é para viver com minhas irmãs que vim para este Carmelo bendito; ao contrário, pressentia perfeitamente que devia ser objeto de grandes sofrimentos quando não se quer conceder nada à natureza.

Como se pode afirmar que é mais perfeito afastar-se dos seus? Alguém já censurou irmãos por lutarem no mesmo campo de batalha, ou por voarem juntos para colher a palma do martírio? Sem dúvida, julgou-se, com razão, que se encorajavam mutuamente e também que o martírio de cada um se torna o martírio de todos.

O mesmo acontece na vida religiosa, que os teólogos chamam de martírio. Doando-se a Deus, o coração não perde sua ternura natural: ao contrário, ela cresce, tornando-se mais pura e mais divina. É com essa ternura que eu a amo, minha Madre, e que amo minhas irmãs. Sim, sou feliz por combater em família pela glória do Rei dos céus; mas também estou pronta a voar para outro campo de batalha, se o General divino me expressar o desejo: não será necessária uma ordem; um simples olhar, um sinal será suficiente.

Depois que entrei para o Carmelo, sempre pensei que, se Jesus não me levar depressa para o céu, a sorte da pombinha de Noé seria a minha: que um dia, abrindo a janela da arca, o Senhor mandar-me-ia voar bem longe para as margens infiéis, levando comigo um ramo de oliveira. Esse pensamento me fez planar muito acima de toda a criação.

Compreendendo que, mesmo no Carmelo, poderia haver separações, tratei logo de habitar no céu; aceitei não somente exilar-me entre um povo desconhecido mas também, o que me foi bem mais amargo, o exílio de minhas irmãs. De fato, duas delas foram pedidas pelo Carmelo de Saigon, que nosso mosteiro havia fundado. Durante algum tempo, tratou-se seriamente de enviá-las para lá. Ah! eu não teria dito uma palavra para retê-las, embora o pensamento das provações que as esperavam me cortasse o coração…

Agora tudo passou, os superiores puseram insuperáveis obstáculos à sua partida; só umedeci meus lábios nesse cálice apenas o tempo de provar-lhe o amargor.

Permiti que vos diga, minha Madre, porque, se a Santíssima Virgem me curar, desejo responder ao apelo de nossas Madres de Hanói. Parece que para viver em Carmelos estrangeiros é necessário ter uma vocação muito especial; muitas almas julgam-se chamadas a isso, quando de fato não o são. Dissestes-me, minha Madre, que eu tinha essa vocação, e que unicamente minha saúde era obstáculo para o seu cumprimento.

Ah! se um dia me fosse necessário abandonar meu berço religioso, certamente isso não seria sem sacrifício. Não tenho um coração insensível; e é exatamente porque ele é capaz de sofrer muito que desejo dar a Jesus todas as espécies de sofrimentos que ele poderia suportar. Aqui, sou amada por vós, minha Madre, e por todas as minhas irmãs, e essa afeição me é muito doce: eis por que sonho um mosteiro onde eu seria desconhecida, onde poderia sofrer o exílio do coração. Não, não é com a intenção de prestar serviço ao Carmelo de Hanói que eu abandonaria tudo o que aqui me é caro, pois conheço bem minha incapacidade; meu único objetivo seria o de cumprir a vontade do bom Deus e de sacrificar-me por Ele de acordo com seus desejos. Sinto que não teria decepção alguma, pois quando se espera um sofrimento puro fica-se até surpreso com a menor alegria; e depois, o próprio sofrimento torna-se a maior das alegrias quando o procuramos como um tesouro precioso.

No momento, porém, estou doente e não hei de sarar. Apesar disso, continuo em paz; há muito tempo que não me pertenço, estou totalmente livre para Jesus... Portanto, Ele tem a liberdade de fazer de mim tudo o que lhe agradar. Ele me deu a atração por um exílio completo, perguntou-me se eu consentia em beber este cálice: imediatamente eu o aceitei, mas Ele, retirando sua mão, mostrou-me que estava satisfeito com minha aceitação apenas.

Meu Deus, de quantas inquietações nos livramos ao fazer o voto de obediência! Como são felizes as simples religiosas! Tendo por única bússola a vontade dos superiores, elas têm sempre a certeza de estar no caminho certo, sem receio de errar, mesmo quando lhes parece certo que os superiores se enganam. Mas, quando deixamos de consultar a bússola infalível, imediatamente a alma se perde por caminhos áridos, onde logo lhe falta a água da graça.

Minha Madre, vós sois a bússola que Jesus me deu a fim de me guiar com segurança para a praia eterna. Como me é doce fixar em vós o meu olhar e, a seguir, cumprir a vontade do Senhor! Permitindo que eu sofresse tentações contra a fé, o divino Mestre aumentou muito em meu coração *o espírito de fé*, mostrando-o vivo em vossa alma e me comunicando suas benditas ordens por vosso intermédio. Sei perfeitamente que minha Madre me torna doce e leve o fardo da obediência; mas, segundo meus sentimentos íntimos, parece-me que eu não mudaria de conduta e que minha ternura filial não sofreria diminuição alguma, se vos parecesse oportuno tratar-me com severidade, porque veria a vontade de meu Deus manifestando-se de outra forma para o maior proveito de minha alma.

Entre o sem-número de graças que recebi durante este ano, creio não ser a menor aquela que me fez compreender, em toda a sua extensão, o preceito da caridade. Eu nunca havia aprofundado esta palavra de Nosso Senhor: "*O segundo mandamento é semelhante ao primeiro: Amarás o teu próximo como a ti mesmo*" (Mt 22,39). Esforcei-me sobretudo por amar a Deus e, amando-o, descobri o segredo dessas outras palavras: "*Nem todo o que me diz: Senhor, Senhor, entrará no Reino dos Céus, mas o que faz a vontade de meu Pai*" (Mt 7,21).

Jesus me fez conhecer essa vontade quando, na Última Ceia, deu seu *mandamento novo*, dizendo aos Apóstolos que *se amassem uns aos outros assim como Ele os havia amado* (Jo 13,34)... Pus-me, então, a investigar como Jesus havia amado seus discípulos; percebi que não foi por suas qualidades naturais, constatei que eram ignorantes e cheios de pensamentos terrestres. E, no entanto, Ele os chama seus amigos, seus irmãos, deseja vê-los ao seu lado no reino de seu Pai e, para abrir-lhes esse reino, quer morrer na cruz, dizendo *que não há maior amor do que dar a própria vida por seus amigos* (Jo 15,13).

Meditando tais palavras divinas, descobri quanto meu amor por minhas irmãs era imperfeito, compreendi que nunca as amara como Jesus as ama. Ah! agora percebo que a verdadeira caridade consiste em suportar todos os defeitos do próximo, em não se admirar de suas fraquezas, em edificar-se com suas menores virtudes; sobretudo, porém, aprendi que a caridade simplesmente não deve ficar fechada no fundo do coração, pois *ninguém acende uma candeia para pô-la debaixo de um alqueire, mas a põe sobre um candeeiro para que os que entram vejam a sua luz* (Lc 11,33). Vejo, minha Madre, que essa candeia representa a caridade, que deve aclarar, alegrar, não somente os que me são mais caros mas *todos aqueles que estão na casa.*

Quando o Senhor, na antiga lei, ordenava a seu povo que amasse seu próximo como a si mesmo, Ele ainda não havia descido à terra; e sabendo perfeitamente até que ponto alguém ama sua própria pessoa, não podia pedir mais. Mas, quando Jesus dá a seus Apóstolos um mandamento novo, que Ele chama de *seu mandamento* (Jo 15,12), já não exige somente amar seu próximo como a si mesmo, mas como Ele próprio o ama, como o amará até a consumação dos séculos.

Ó meu Jesus! Sei que não ordenais nada que seja impossível; conheceis melhor do que eu minha fraqueza e minha imperfeição, sabeis muito bem que jamais chegarei a amar minhas irmãs como Vós as amais, se Vós mesmo, ó meu divino Salvador, não as amardes também *em mim.* É porque quereis conceder-me essa graça que nos destes um mandamento *novo.* Oh! quanto o amo, pois dá-me a certeza de que vossa vontade é *amar em mim* todos aqueles que me mandais amar.

Sim, eu o sinto, quando sou caridosa é somente Jesus que age em mim; quanto mais unida a Ele eu estiver, tanto mais amo todas as minhas irmãs. Se eu quiser aumentar esse amor em meu coração e vir que o demônio procura pôr diante de meus olhos os defeitos desta ou daquela irmã, apresso-me a procurar suas virtudes, seus bons desejos; digo-me que, se a vi cair uma vez, ela pode ter alcançado um grande número de vitórias, que esconde por humildade; e que até aquilo que me parece uma falta, talvez, por causa da intenção, pode muito bem ser um ato de virtude. Tenho muito pouca dificuldade de me persuadir disso, pois fiz essa experiência em mim mesma.

Um dia, durante o recreio, a porteira veio pedir uma irmã para um trabalho que ela indicou. Eu tinha um grande desejo, quase infantil, de ocupar-me nesse trabalho, e a escolha caiu exatamente sobre mim. Ponho-me logo a executar nosso trabalho, mas muito devagar, para que minha vizinha terminasse o seu antes de mim, pois sabia que a satisfaria se a deixasse tomar meu lugar. Ao ver-me tão pouco apressada, a irmã que pedira ajuda disse rindo: "Ah! bem vi que você não poria esta pérola na sua coroa, anda muito devagar!" E toda a comunidade julgou que procedia assim por natureza.

Não saberia dizer quanto este pequeno incidente me foi proveitoso e me tornou indulgente. Impede-me ainda de sentir vaidade quando sou julgada favoravelmente, pois me digo: Já que meus pequenos atos de virtude podem ser tomados como imperfeições, assim também as pessoas podem enganar-se chamando de virtude o que é apenas imperfeição. E então repito com São Paulo: "*Quanto a mim, pouco me importa ser julgado por Vós ou por um juízo humano, pois nem sequer a mim mesmo eu julgo. Quem me julga é o Senhor*" (1Cor 4,3-4).

Sim, é o Senhor, é Jesus quem me julga! E, para que seu julgamento me seja favorável, ou melhor, para simplesmente não ser julgada, pois Ele disse "*Não julgueis e não sereis julgados*" (Lc 6,37), quero ter sempre pensamentos caridosos.

Volto ao santo Evangelho no qual o Senhor me explica tão claramente em que consiste seu *mandamento novo*.

Leio em São Mateus: "*Ouvistes que foi dito: Amarás o teu próximo e aborrecerás o teu inimigo. Eu, porém, vos digo: Amai os vossos inimigos e orai pelos que vos perseguem*" (Mt 5,43-44).

No Carmelo, sem dúvida, não temos inimigos, mas, enfim, há simpatias; sentimo-nos atraídas por tal irmã, quando, ao contrário, esta outra far-nos-á dar uma grande volta para evitar o encontro. Pois bem, Jesus me diz que é preciso amar esta irmã, que é preciso rezar por ela, mesmo quando sua conduta levar-me-ia a crer que não me ama: "*Se vós amais os que vos amam, que mérito tereis? Porque os pecadores também amam quem os ama*" (Lc 6,32). E não basta amar, é preciso dar provas desse amor. Ficamos naturalmente felizes ao causar prazer a um amigo; mas isso não é caridade, porque também os pecadores agem assim.

Eis o que mais Jesus me ensina: "*Dá a todo aquele que te pede; e ao que leva o que é teu, não lho tornes a pedir*" (Lc 6,30). Dar a todas aquelas que pedem é menos agradável do que oferecer a si mesma pelo movimento do próprio coração; e mais, quando nos pedem com boas maneiras, dar não custa muito; mas se, por infelicidade, usam-se palavras menos delicadas, imediatamente a alma se revolta se não estiver consolidada na caridade perfeita; e então encontra mil razões para recusar o que lhe é pedido dessa forma, e é somente após convencer a solicitante de sua indelicadeza que lhe dá *por favor* o que ela pede, ou que lhe presta um pequeno serviço que toma vinte vezes menos tempo do que empregou para fazer valer os obstáculos e os direitos imaginários.

Se é difícil dar a quem pede, muito mais custoso é *deixar que nos tomem o que nos pertence, sem pedi-lo de volta*. Ó minha Madre, digo que é difícil, mas deveria antes dizer que isso *parece* difícil; porque *o jugo do Senhor é suave e leve o seu peso* (Mt 11,30): quando o aceitamos, sentimos logo sua doçura.

Dizia eu: Jesus não quer que eu reclame o que me pertence; isso deveria parecer-me muito natural, pois realmente nada me pertence como próprio: portanto, eu deveria alegrar-me quando me acontece sentir a pobreza, da qual fiz um voto solene. Outrora, pensava não ter apego a coisa alguma; mas depois que percebi o sentido luminoso das palavras de Jesus, vejo que sou muito imperfeita. Por exemplo, se, pondo-me ao trabalho de pintura, encontrar os pincéis em desordem, se uma régua ou um canivete desaparecer, a paciência está bem perto de me abandonar, e devo tomá-la com ambas as mãos para não reclamar azedamente os objetos que me faltam.

Com certeza, posso pedir essas coisas indispensáveis, mas fazendo-o com humildade não falto ao mandamento de Jesus; ao contrário, procedo como os pobres que estendem a mão para receber o necessário; se forem repelidos, não se surpreendem com isso, afinal ninguém lhe deve nada. Ah! quanta paz inunda a alma quando ela se eleva acima dos sentimentos da natureza! Não, não há gozo comparável àquele que desfruta o verdadeiro pobre de espírito! Se pede com desapego uma coisa necessária, e se essa coisa não só lhe for recusada, mas ainda procuram tomar-lhe aquilo que tem, segue o conselho de Nosso Senhor: "*Ao que quer chamar-te a juízo para te tirar a túnica, cede-lhe também a capa*" (Mt 5,40).

Ceder a capa é, creio eu, renunciar aos últimos direitos, considerar-se a serva, a escrava das outras. Uma vez largada a capa, é mais fácil andar, correr, e, por isso, Jesus acrescenta: "*Se alguém te forçar a dar mil passos, vai com ele mais dois mil*" (Mt 5,41). Não, não me basta dar a quem me pede, devo antecipar-me aos desejos, mostrar-me muito obrigada, muito honrada por prestar serviço; e se alguém toma um objeto de meu uso, parecer feliz por me ver *livre* dele.

Contudo, nem sempre posso observar ao pé da letra as palavras do Evangelho; há ocasiões em que me vejo constrangida a recusar alguma coisa a minhas irmãs. Mas, quando a caridade lançou profundas raízes na alma, ela se mostra exteriormente: existem maneiras tão delicadas de recusar aquilo que não se pode dar, que a recusa causa tanto prazer quanto o dom. É verdade que nos custa menos recorrer àquelas que se mostram sempre dispostas a atender; todavia, sob o pretexto de que seria forçada a recusar, não devo afastar-me das irmãs que a cada passo pedem favores, pois o divino Mestre disse: "*Não voltes as costas ao que deseja que lhe emprestes*" (Mt 5,42).

Também não devo ser pródiga a fim de aparecer ou na esperança de que em outra ocasião a irmã que atendo retribuir-me-á o serviço, pois Nosso Senhor diz ainda: "*Se emprestardes àqueles de quem esperais receber, que mérito tendes? Os pecadores também emprestam aos pecadores para receberem em troca. Vós, porém, fazei o bem e emprestai sem nada esperar, e vossa recompensa será grande*" (Lc 6,34-35).

Oh! sim, a recompensa é grande, mesmo na terra. Neste caminho, só o primeiro passo nos custa. *Emprestar sem nada esperar*, isso parece duro; preferimos *dar*, porque uma coisa dada já não nos pertence. Quando alguém nos diz com ar de convicção: "Minha irmã, preciso de sua ajuda por algumas horas; mas fique tranquila, já tenho a permissão de nossa Madre e retribuir-lhe-ei o tempo que me dá". Na verdade, porém, sabemos perfeitamente que jamais nos será restituído o tempo emprestado, preferiríamos dizer: "Dou-lhe esse tempo de graça!" Essa resposta agradaria ao amor-próprio, porque dar é um ato mais generoso do que emprestar e, além disso, fazemos a irmã perceber que não contamos com seus serviços.

Ah! como os ensinamentos divinos são contrários aos sentimentos da natureza! Sem o socorro da graça seria impossível não só os pôr em prática mas também compreendê-los.

Minha querida Madre, sinto que, mais do que nunca, expressei-me muito mal. Não sei que interesse poderíeis encontrar na leitura desses pensamentos confusos. Enfim, não escrevi para fazer uma obra literária; se vos contrariei com esta espécie de discurso sobre a caridade, vereis ao menos que vossa filha deu provas de boa vontade.

Mas, ai!, confesso que estou longe de praticar o que compreendo; todavia, só o desejo de fazê-lo me tranquiliza. Se me acontecer de cair em alguma falta contrária à caridade, levanto-me imediatamente; há alguns meses, nem sequer encontro meio de combater, posso dizer com nosso Pai São João da Cruz: "*Minha morada está inteiramente pacificada*", e atribuo esta paz íntima a um certo combate do qual saí vitoriosa. A partir desse triunfo, a milícia celeste vem em meu socorro, não podendo aceitar ver-me ferida depois de ter lutado valorosamente na ocasião que passo a descrever.

Outrora, uma santa religiosa da comunidade tinha a capacidade de desagradar-me em tudo; o demônio meteu-se nisso, porque, com certeza, era ele que me fazia ver nela tantos aspectos desagradáveis; inclusive, não querendo ceder à natural antipatia que provava, refleti que a caridade não devia consistir apenas nos sentimentos, mas devia mostrar-se nas obras. Então, esforcei-me por fazer a essa irmã o que faria à pessoa que mais amo. Cada vez que a encontrava, eu orava ao bom Deus por ela, oferecendo-lhe todas as suas virtudes e seu méritos. Sentia perfeitamente que isso alegrava muito o meu Jesus; porque não existe artista que não goste de receber louvores por suas obras, e o divino Artista das almas é feliz quando não nos atemos ao exterior, mas, penetrando até o santuário íntimo que Ele escolheu por morada, admiramos-lhe a beleza.

Não me contentei em rezar muito por aquela que me dava tantas ocasiões de combate, tentei prestar-lhe todos os serviços possíveis; e, quando tinha a tentação de responder-lhe indelicadamente, apressava-me a sorrir-lhe amavelmente, procurando desviar a conversa, pois na Imitação é dito que é melhor deixares a cada um seu parecer do que entrares em discussões[23].

Muitas vezes também, quando o demônio me tentava violentamente e me sugeria meios de esquivar-me sem que

23. *Imitação de Cristo*, livro 3, cap. 44,1.

ela percebesse minha luta interior, eu fugia *como um soldado desertor*... E sobre isso, um dia ela me disse com ar radiante: "Minha Irmã Teresa do Menino Jesus, quereria dizer-me em confiança o que a atrai para mim? Não a encontro sem que me lance o mais gracioso sorriso". Ah! o que me atrai é Jesus oculto no fundo de sua alma, Jesus que torna doce o que há de mais amargo!

Há pouco, minha Madre, eu vos falava do meu último expediente para evitar uma derrota nos combates da vida, isto é, a *deserção*. Esse meio pouco honroso, empreguei-o durante o meu noviciado, e sempre com ótimos resultados. Vou contar-vos um admirável exemplo, que, creio, vos fará sorrir:

Há muitos dias, estáveis sofrendo de uma bronquite que nos causava graves inquietações. Uma manhã, entrei suavemente em vossa enfermaria para entregar-lhe as chaves da grade de comunhão, pois eu era sacristã. No fundo, eu me alegrava por ter a ocasião de ver-vos, mas tratava de não deixar transparecer a alegria. Ora, uma de vossas filhas, animada de um zelo santo, pensou que eu ia acordar-vos e, discretamente, quis tomar-me as chaves. Respondi-lhe, com a maior delicadeza, que tanto quanto ela eu desejava não fazer barulho, e acrescentei que era *meu direito* entregar as chaves. Hoje compreendo que teria sido mais perfeito simplesmente ceder, mas, na época, não compreendia e quis entrar atrás dela, contra a sua vontade.

Mas logo chegou o que receávamos, o ruído que fazíamos fez-vos abrir os olhos e tudo caiu sobre mim! A irmã à qual eu havia resistido apressou-se a pronunciar todo um discurso, que, em resumo, foi este: "Quem fez todo esse ruído foi Irmã Teresa do Menino Jesus". Eu ardia no desejo de me defender; mas felizmente veio-me uma ideia luminosa; refleti que, certamente, se começasse a me justificar perderia a paz de minha alma; e mais, que minha virtude era demasiado fraca para me deixar acusar sem nada responder e, portanto, eu devia escolher a fuga como última tábua de salvação. Dito e feito. Saí... mas meu coração batia tão forte que me foi impossível ir longe e sentei-me na escada para gozar em paz os frutos de minha vitória. Sem dúvida, esta foi uma bravura singular; todavia, creio que é melhor não se expor ao combate quando a derrota é certa.

Mas ai! quando penso no tempo do meu noviciado, constato minha imperfeição! Hoje rio de certas coisas. Ah! como o Senhor foi bom por ter elevado minha alma, por ter-me dado asas! Todas as armadilhas dos caçadores poderiam atemorizar-me, porque *debalde se lança a rede diante dos olhos dos que têm asas* (Pr 1,17).

Mais tarde, pode ser que o tempo presente me pareça ainda cheio de misérias, mas já não me admiro de nada nem me aflijo ao ver a própria fraqueza; ao contrário, é nela que me glorio e, cada dia, espero descobrir em mim novas imperfeições. Confesso que as luzes sobre o meu nada me trazem mais proveito do que as luzes sobre a fé.

Lembrando-me de que *a caridade cobre a multidão dos pecados* (Pr 10,12), bebo nesta fonte inesgotável aberta pelo Senhor em seu sagrado Evangelho. Escavo nas profundezas de suas adoráveis palavras e exclamo com Davi: "*Corri pelo caminho dos teus mandamentos, quando dilataste o meu coração*" (Sl 118,32). E só a caridade pode dilatar meu coração... Ó Jesus, depois que esta suave chama o consome, entre delícias corro no caminho de *vosso mandamento novo*, e ali quero correr até o bem-aventurado dia em que, unindo-me ao cortejo virginal, hei de seguir-vos pelos espaços infinitos, cantando o vosso *Cântico novo* que deve ser o do AMOR.

10
Novas luzes sobre a caridade – O pincelzinho: sua maneira de pintar nas almas – Uma oração atendida – As migalhas que caem da mesa das crianças – O bom samaritano – Dez minutos mais preciosos do que mil anos de alegrias terrenas

Caminho da infância espiritual: paz – simplicidade

Tua força está no repouso e na confiança (Is 30).

O menor tornar-se-á o chefe de um povo numeroso (Is 60).

"Senhor, vedes que sou muito pequena para alimentar vossos filhos; se, por meu intermédio, quiserdes dar a cada um o que lhe convém, enchei minha pequena mão e, sem deixar vossos braços, sem mesmo voltar a cabeça, distribuirei vossos tesouros à alma que vier pedir-me seu alimento."

Minha amada Madre, o bom Deus me deu a graça de penetrar nas misteriosas profundezas da caridade. Se eu puder expressar o que compreendo, ouviríeis uma melodia do céu. Mas ai! eu só sei balbuciar como criança e, se as palavras de Jesus não me servirem de apoio, serei tentada a pedir-vos a licença de me calar.

Quando o divino Mestre me diz que *dê a quem me pede e deixe que me tomem o que me pertence, sem pedi-lo de volta*, creio que Ele não fala somente dos bens da terra, mas compreende também os bens do céu. Aliás, nem uns nem outros me pertencem: renunciei aos primeiros pelo voto de pobreza e os segundos igualmente me foram emprestados por Deus, que os pode retirar de mim, sem que tenha o direito de me queixar.

Mas os pensamentos profundos e pessoais, as chamas da inteligência e do coração formam uma riqueza à qual nos apegamos como a um bem próprio, que ninguém tem o direito de tocar. Por exemplo: se comunico a uma de minhas irmãs alguma luz recebida na oração e que, a seguir, ela a comunica como sendo coisa sua, creio que ela se apropria de um bem meu; ou se, durante o recreio, dissermos baixinho à nossa vizinha uma palavra espirituosa e que venha a calhar, e ela, sem dar a conhecer a fonte, repete essa palavra em voz alta, isso aparece como um roubo à proprietária, que não reclama, embora tenha vontade de fazê-lo, e aproveitará a primeira ocasião de finamente fazer saber que alguém se apoderou de seus pensamentos.

Minha Madre, não poderia explicar-vos tão bem esses tristes sentimentos da natureza se não os tivesse provado em mim mesma; e gostaria de embalar-me na doce ilusão que eles só aconteceram comigo, se não me tivésseis ordenado de ouvir as tentações das noviças. Aprendi muito ao cumprir a missão que me confiastes; sobretudo, vi-me forçada a praticar o que eu ensinava.

Sim, agora posso dizê-lo, recebi a graça de não estar mais apegada aos bens do espírito e do coração do que aos bens da terra. Se me acontecer de pensar e de dizer uma coisa que agrade às minhas irmãs, acho muito natural que se apropriem daquilo como de um bem próprio, porque o pensamento pertence ao Espírito Santo e não a mim, pois São Paulo garante *que, sem este Espírito de amor, não podemos dar a Deus o nome de Pai* (Rm 8,15). Portanto, Ele é livre para servir-se de mim a fim de dar um bom pensamento a uma alma, e eu não posso crer que este pensamento seja propriedade minha.

Aliás, não desprezo os belos pensamentos que unem a Deus, mas, há muito tempo, compreendi que é preciso precaver-se de depositar neles demasiada confiança. As mais sublimes inspirações nada são sem as obras. É verdade que outras almas podem tirar muito proveito delas, se testemunharem ao Senhor um humilde reconhecimento do fato de lhes permitir participar do banquete de um de seus privilegiados: mas, se este se deleitar em sua riqueza e fizer a oração do fariseu, torna-se semelhante a uma pessoa que morre de fome diante de uma mesa bem servida, enquanto todos os seus convidados tomam uma abundante alimentação e, talvez, lancem um olhar de inveja sobre o possuidor de tantos tesouros.

Ah! como é bem verdade que unicamente o bom Deus conhece o fundo dos corações, assim muito curtos são os pensamentos das criaturas! Quando veem uma alma cujas luzes ultrapassam as suas, daí concluem que o divino Mestre as ama menos. E mais, quando perdeu Ele o direito de servir-se de uma de suas criaturas para dispensar a seus filhos o alimento que lhes é necessário? No tempo do Faraó, o Senhor tinha ainda esse direito, pois, na Escritura, disse a esse monarca: "*Com este fim te conservei, para mostrar em ti o meu poder, e para que meu nome seja celebrado em toda a terra*" (Ex 9,16). Séculos e séculos se passaram depois que o Todo-poderoso pronunciou essas palavras, e seu modo de agir não se alterou: entre os povos, sempre escolheu instrumentos para realizar sua obra nas almas.

Se a tela pintada por um artista pudesse pensar e falar, certamente não se queixaria de ser continuamente tocada e retocada pelo pincel; nem sequer invejaria a sorte desse objeto, sabendo que absolutamente não é ao pincel, mas ao artista, que o dirige, que ela deve a beleza de que está revestida. Por outro lado, o pincel não poderia gloriar-se da obra-prima executada através dele, pois ele não ignoraria que os artistas jamais ficam embaraçados, que eles se divertem com as dificuldades e, por puro prazer, às vezes, servem-se dos instrumentos mais fracos, dos mais defeituosos.

Minha venerada Madre, sou um pincelzinho que Jesus escolheu para pintar sua imagem nas almas que me confiastes. Um artista tem vários pincéis, mas precisa de ao menos dois: o primeiro, que é o mais útil, dá as tintas gerais e cobre completamente a tela em muito pouco tempo; o outro, menor, serve para os detalhes. Minha Madre, vós sois quem me representa o precioso pincel que a mão de Jesus segura com amor quando Ele quer fazer um grande trabalho na alma de vossas filhas; e eu sou o pequenininho que Ele se digna empregar depois para os menores detalhes.

A primeira vez que o divino Mestre escolheu seu pincelzinho foi por volta de 8 de dezembro de 1892; recordo-me sempre dessa época como de um tempo de graças.

Ao entrar para o Carmelo, encontrei no noviciado uma companheira oito anos mais idosa do que eu; e, apesar da diferença dos anos, estabeleceu-se entre nós uma verdadeira intimidade. Para fomentar esta afeição, que parecia mesmo dar frutos de virtude, foram-nos permitidas pequenas conversas espirituais: minha querida companheira encantava-me por sua inocência, seu caráter expansivo e aberto; por outro lado, admirava-me de ver como sua afeição por vós, minha Madre, era diferente da minha; ademais, muitas coisas em sua conduta pareciam-me lamentáveis. Contudo, já então o bom Deus me fazia compreender que existem almas que sua misericórdia não se cansa de esperar, às quais só gradualmente comunica suas luzes; por isso, eu me cuidava para não adiantar sua hora.

Um dia, refletindo sobre essa permissão que nos fora dada de conversarmos juntas, como se diz em nossas santas constituições: "a fim de afervorar-nos sempre mais no amor ao nosso Esposo", notei com pesar que nossas conversas já não atingiam o objetivo desejado; e vi claramente que era preciso falar, ou então acabar com tais conversas, mais parecidas com aquelas de pessoas do mundo. Pedi a Nosso Senhor que pusesse em meus lábios palavras brandas e convincentes, ou melhor, que Ele mesmo falasse por mim. Ele atendeu minha oração, pois *os que volvem para Ele seu olhar serão iluminados* (Sl 33,6) *e das trevas surgiu uma luz para os retos corações* (Sl 111,4). A primeira palavra, aplico-a a mim mesma, e a segunda, à minha companheira, que verdadeiramente tinha um coração reto.

Na hora marcada para nossa entrevista, minha pobre irmãzinha desde logo percebeu que eu já não era a mesma, enrubesceu e sentou-se ao meu lado; então, achegando-a ao meu coração, disse-lhe com ternura tudo o que pensava dela. Mostrei-lhe em que consiste o verdadeiro amor, provei-lhe que amando sua Madre Priora com uma afeição natural era a ela mesma que amava e confiei-lhe os sacrifícios que fora obrigada a fazer sobre isso no começo de minha vida religiosa; logo suas lágrimas misturaram-se às minhas. Com muita humildade admitiu seus erros, reconheceu que eu dizia a verdade e prometeu-me iniciar uma vida nova, pedindo-me o favor de sempre adverti-la de suas faltas. A partir desse momento, nossa afeição tornou-se totalmente espiritual; realizou-se em nós o oráculo do Espírito Santo: "*O irmão que é ajudado pelo irmão é como uma cidade fortificada*" (Pr 18,19).

Minha Madre, sabeis perfeitamente que eu não tinha a intenção de afastar minha companheira de sua madre, queria somente dizer-lhe que o verdadeiro amor nutre-se de sacrifícios e que quanto mais a alma recusa satisfações naturais, mais sua ternura torna-se forte e desinteressada.

Lembro-me também que, sendo postulante, por vezes, eu tinha tão violentas tentações de satisfazer meu gosto e encontrar algumas gotas de alegria, que eu era obrigada a passar rapidamente diante de vossa cela e agarrar-me ao corrimão da escada para não voltar atrás. Vinha-me à mente grande quantidade de licenças a pedir, mil pretextos para dar razão à minha natureza e contentá-la. Hoje sou feliz por ter-me privado disso desde o início de minha vida religiosa! Já gozo da recompensa prometida àqueles que combatem corajosamente. Não sinto mais a necessidade de me recusar os consolos do coração, porque meu coração descansa em Deus... Porque amou unicamente a Deus, pouco a pouco ele cresceu, até dar àqueles que lhe são caros uma ternura incomparavelmente mais profunda do que se estivesse concentrado numa afeição egoísta e infrutuosa.

Falei-vos, minha amada Madre, do primeiro trabalho que Jesus e vós vos dignastes executar com o pincelzinho; mas foi somente o prelúdio do magistral quadro que, a seguir, lhe foi confiado.

Assim que penetrei no santuário das almas, no primeiro piscar de olhos, percebi que a tarefa ultrapassava minhas forças e, colocando-me logo nos braços do bom Deus, imitei os nenezinhos que, sob a influência do medo, escondem sua cabeça loira no ombro de seu pai, e disse: "Senhor, vedes que sou muito pequena para alimentar vossas filhas; se, por meu intermédio, quiserdes dar a cada uma o que lhe convém, enchei minha mãozinha, e, sem largar os vossos braços, sem mesmo voltar a cabeça, distribuirei vossos tesouros à alma que vier pedir-me seu alimento. Quando ela encontrar o alimento que lhe agrada, saberei que não é a mim, mas a Vós que ela o deve; ao contrário, se ela se queixar e achar amargo o que lhe apresento, minha paz não será perturbada, procurarei persuadi-la de que este alimento vem de Vós, e cuidarei de não procurar outro alimento para ela".

Compreendendo, assim, que nada me era possível fazer por mim mesma, a tarefa pareceu-me simplificada. Ocupei-me interior e unicamente de me unir mais e mais a Deus, sabendo que o restante me seria dado por acréscimo. De fato, jamais minha esperança foi iludida: minha mão esteve cheia tantas vezes quantas foram necessárias para alimentar a alma de minhas irmãs. Confesso-lhe, minha Madre, que, se tivesse agido de outra forma, se me tivesse apoiado em minhas próprias forças, sem demora ter-vos-ia apresentado a renúncia.

À distância, parece fácil fazer o bem às almas, fazê-las amar primeiramente a Deus, modelá-las segundo sua visão e seu pensamento. De perto, ao contrário, sente-se que fazer o bem, sem o socorro divino, é coisa tão impossível como fazer o sol voltar para o nosso hemisfério durante a noite. Sente-se que é absolutamente necessário esquecer os próprios gostos, os conceitos pessoais e não guiar as almas pelo próprio caminho, pelo caminho da própria escolha, mas pelo caminho particular que Jesus lhes indica. E esta não é ainda a maior dificuldade: o que mais me custou foi, sobretudo, observar as faltas, as mais leves imperfeições, e mover-lhes uma guerra de morte.

Eu ia dizer: infelizmente para mim – mas não, seria covardia –, portanto digo: felizmente para minhas irmãs, depois que me recolhi nos braços de Jesus, sou como o vigia que observa o inimigo da mais alta torre de um castelo fortificado. Nada escapa ao meu olhar; muitas vezes até me admiro de ver tão claro e até creio que se pode desculpar o Profeta Jonas por ter fugido da face do Senhor para não ter de anunciar a ruína de Nínive. Preferiria receber mil censuras do que ter de dar uma só; mas sinto que é muito necessário que este encargo me cause sofrimento, porque, quando agimos por natureza, é impossível que a alma faltosa reconheça seus erros; ela simplesmente pensa assim: a irmã encarregada de me dirigir está descontente, e seu descontentamento recai sobre mim, quando é certo que estou imbuída das melhores intenções.

Minha Madre, nesse ponto acontece como em todo o restante: em tudo devo encontrar a abnegação e o sacrifício; assim, creio que uma carta não produzirá fruto algum se eu não a escrever com uma certa repugnância e pelo único motivo de obedecer. Quando falo com uma noviça, cuido de me mortificar, evito dirigir-lhe perguntas que satisfariam minha curiosidade. Se a vejo começar uma coisa interessante e logo passar a outra que me causa enfado, sem terminar a primeira, cuido de não lhe recordar essa interrupção, pois parece-me que não podemos fazer bem algum quando nos procuramos a nós mesmas.

Sei, minha Madre, que vossas ovelhinhas me acham severa!... Se lerem estas linhas, diriam que isso tem o jeito de que não me custa absolutamente nada correr atrás delas, mostrar-lhes seu belo velo maculado ou ainda restituir-lhes alguns flocos de lã que elas largaram nas sarças do caminho. As ovelhinhas podem dizer tudo o que quiserem: no fundo, elas sentem que as amo com um amor muito grande; não, não há perigo de que eu imite *o mercenário que, vendo chegar o lobo, abandona o rebanho e foge* (Jo 10,12). Estou pronta a dar minha vida por elas, e meu afeto é tão puro que não desejo que o conheçam. Com a graça de Deus, jamais procurei atrair para mim seus corações; compreendi que minha missão era conduzi-las para Deus e para vós, minha Madre, que nesta terra sois o Deus visível que elas devem amar e respeitar.

Eu disse que ao instruir as outras havia aprendido muito. Em primeiro lugar, vi que todas as almas têm mais ou menos os mesmos combates; e, por outro lado, que entre elas existe uma diferença enorme; essa diferença obriga a não as atrair da mesma maneira. Com algumas, sinto que é preciso fazer-me pequena, absolutamente não temer humilhar-me, confessando minhas lutas e derrotas; então elas mesmas confessam facilmente as faltas de que são acusadas e se alegram com o fato de que eu as compreendo por experiência; com outras, para ter resultado, convém a firmeza, é jamais recuar diante de uma coisa dita: humilhar-se seria fraqueza.

O Senhor me deu a graça de não ter medo algum da guerra; custe o que custar, é preciso que eu cumpra o meu dever. Mais de uma vez ouvi o seguinte: "Se quiser obter alguma coisa de mim, não empregue a força, mas a doçura, caso contrário, nada alcançará". Mas sei que ninguém é bom juiz em causa própria, e que uma criança, que o cirurgião submete a uma dolorosa operação, jamais deixará de lançar seus altos gritos e dizer que o remédio é pior do que a doença; no entanto, se dias depois ela se vir curada, ficará muito feliz por poder brincar e correr. O mesmo sucede com as almas: reconhecem imediatamente que um pouco de amargura é preferível ao açúcar e não receiam confessá-lo.

Por vezes, constatar a mudança que se opera de um dia para outro é um espetáculo verdadeiramente maravilhoso.

Há ocasiões em que me dizem: "Tivestes razão ontem ao ser severa; a princípio revoltei-me, mas depois recordei tudo e vi que fostes muito justa. Ao sair de vossa cela, pensei que tudo estava acabado, e me dizia: Vou já ter com nossa Madre e dizer-lhe que não irei mais ter com minha Irmã Teresa do Menino Jesus, mas percebi que era o demônio a me inspirar isso; além disso, ocorreu-me que, por certo, estaria a rezar por mim; então fiquei tranquila e a luz começou a brilhar; agora peço que me esclareçais perfeitamente, pois foi por isso que eu vim".

E eu, felicíssima por seguir o pendor do meu coração, sirvo logo comida menos amarga... Sim, mas... percebo que não é preciso avançar muito... uma palavra poderia destruir o belo edifício erguido com lágrimas. Se tiver a felicidade de dizer a menor coisa que parece atenuar as verdades da véspera, vejo minha irmãzinha tentar agarrar-se às tábuas de salvação... Recorro então à oração, lanço um olhar interior para a Virgem

Maria, e Jesus triunfa sempre! Ah! toda a minha força consiste na oração e no sacrifício, são minhas armas invencíveis; e, por experiência, sei que elas podem tocar os corações muito mais do que as palavras.

Durante a Quaresma, há dois anos, uma noviça veio procurar-me toda radiosa: "Se soubésseis", disse-me ela, "o que sonhei esta noite! Eu estava perto de minha irmã, que é tão mundana, e queria desapegá-la de todas as vaidades do mundo; com esse objetivo, expliquei-lhe estas palavras de seu cântico, *Viver de amor*:

> Amar-te, Jesus, que perda fecunda!
> São seus para sempre os meus perfumes.

Sentia que meu discurso penetrava até o fundo de sua alma, e me enchia de alegria. Esta manhã, creio que o bom Deus talvez queira que eu lhe doe esta alma. Se eu lhe escrever pela Páscoa para contar-lhe meu sonho e dizer-lhe que Jesus a quer por esposa! Que lhe parece?" Respondi-lhe simplesmente que ela podia muito bem pedir licença.

Como a Quaresma ainda não chegara a seu fim, vós vos surpreendestes, minha Madre, com um pedido tão prematuro e, visivelmente inspirada pelo bom Deus, respondestes que as carmelitas devem salvar suas almas antes pela oração do que pelas cartas. Informada dessa decisão, eu disse à minha querida irmãzinha: "É preciso pôr mãos à obra, rezemos muito; que alegria se, no fim da Quaresma, formos atendidas!" Ó misericórdia infinita do Senhor! *No fim da Quaresma*, mais uma alma se consagrava a Jesus! Foi um verdadeiro milagre da graça: milagre obtido pelo fervor de uma humilde noviça!

Como é grande, pois, o poder da oração! Dir-se-ia uma rainha que tem sempre livre acesso junto ao rei e que obtém tudo o que ela pede. Para ser atendida, não é absolutamente necessário ler num livro uma bela fórmula composta para a ocasião; se assim fosse, pobre de mim!

Excetuado o Ofício divino que, embora indigna, sou muito feliz de poder recitá-lo cada dia, não tenho a coragem de sujeitar-me a procurar nos livros belas orações; isso me dá dor de cabeça, são tantas! Além disso, são todas umas mais belas do que as outras! Portanto, não podendo recitá-las todas e não sabendo qual escolher, faço como as crianças que não sabem ler: simplesmente digo ao bom Deus tudo o que gostaria de lhe dizer, e Ele sempre me compreende.

Para mim, a oração é um impulso do coração, é um simples olhar lançado para o céu, é um grito de reconhecimento e de amor, tanto no meio da provação como no seio da alegria! Enfim, é algo sublime, sobrenatural, que dilata a alma e a une a Deus. Algumas vezes, quando meu espírito encontra-se em tão grande secura que não posso tirar dele um só pensamento bom, recito muito lentamente um *Pai-nosso* ou uma *Ave-Maria*; sozinhas, essas orações me elevam, alimentam divinamente minha alma e lhe bastam.

Mas em que ponto estava eu com meu assunto? Novamente perdida num labirinto de reflexões... Perdoe-me, minha Madre, ser tão pouco precisa! Essa história, reconheço, é uma meada muito emaranhada. Mas, ai!, não sei fazer coisa melhor; vou escrevendo como os pensamentos me vêm, pesco ao acaso no riozinho do meu coração e, a seguir, ofereço-lhe meus peixinhos como eles se deixam prender.

Portanto, estava a falar das noviças que com frequência me dizem: "Mas a irmã tem resposta para tudo, e eu pensava que desta vez iria embaraçá-la... onde vai buscar aquilo que nos ensina?" Há algumas tão inocentes, a ponto de crerem que leio em suas almas, porque me aconteceu de preveni-las ao lhes revelar – sem revelação – o que elas pensavam.

A mais antiga do noviciado havia resolvido esconder-me uma grande aflição que a fazia sofrer muito. Acabava de passar uma noite de angústias sem querer derramar uma única lágrima, temendo que seus olhos vermelhos a traíssem; mas, achegando-se a mim com o rosto mais gracioso, ela me falou como de costume, de uma maneira ainda mais amável, se fosse possível. Então, disse-lhe simplesmente: *Você passa por uma tribulação, tenho certeza disso.* Imediatamente ela me olha com um inexprimível espanto... sua estupefação foi tão grande que se apoderou de mim, comunicando-me não sei que impressão sobrenatural. Sentia ali a presença do bom Deus, pertinho de nós... Sem o perceber – pois não tenho o dom de ler nas almas – eu havia pronunciado uma palavra verdadeiramente inspirada e, a seguir, pude consolar inteiramente essa alma.

Minha amada Madre, agora vou confiar-vos meu melhor proveito espiritual com as noviças. Compreendeis que tudo lhes é permitido, é preciso que possam dizer tudo o que pensam, o bem e o mal, sem restrição. Isso lhes é muito mais fácil comigo, já que não me devem o respeito que se deve a uma Mestra.

Não posso dizer que Jesus me faça andar exteriormente pelo caminho das humilhações; não, Ele se contenta em humilhar-me no íntimo de minha alma. Diante das criaturas tudo me sai muito bem, sou o caminho perigoso das honras – se assim podemos expressar-nos em religião – e, nesse particular, compreendo a conduta de Deus e dos superiores. Com efeito, se aos olhos da comunidade eu passasse por uma religiosa incapaz, sem inteligência nem juízo, ser-vos-ia impossível, minha Madre, fazer-se ajudar por mim. Eis por que o divino Mestre lançou um véu sobre todos os meus defeitos interiores e exteriores.

Este véu atraiu-me alguns elogios da parte das noviças, elogios sem adulação; afinal, sei que elas pensam o que dizem; mas verdadeiramente isso não me inspirou vaidade alguma, porque tenho sempre presente a lembrança de minhas misérias. Algumas vezes, porém, vem-me o enorme desejo de ouvir bem outra coisa do que louvores, minha alma se cansa de uma alimentação muito açucarada, e Jesus lhe faz servir então uma boa saladinha bem avinagrada, bem condimentada: nada lhe falta, a não ser o *azeite*, o que lhe dá um sabor a mais.

As noviças apresentam-me essa salada no momento em que menos espero. O bom Deus ergue o véu que lhes esconde minhas imperfeições; e minhas queridas irmãzinhas, vendo a verdade, já não me acham inteiramente a seu gosto. Com uma simplicidade que me encanta, elas me falam dos combates que lhes causo, o que as desagrada em mim; enfim, não se incomodam mais do que se tratassem com outra pessoa, sabendo que me causam grande prazer ao agir assim.

Ah! verdadeiramente é mais do que um prazer, é um banquete delicioso que enche minha alma de alegria. Como é possível que uma coisa que repugna tanto a natureza possa causar tamanho gozo? Se não o tivesse experimentado, não haveria de crer.

Um dia em que desejava ardentemente ser humilhada, acontece que uma jovem postulante encarregou-se tão bem de me satisfazer, que o pensamento de Semei amaldiçoando Davi me veio à mente, e eu repetia interiormente com o santo rei: "*Deixai que amaldiçoe, porque o Senhor lhe permitiu que amaldiçoasse*" (2Sm 16,10).

Assim o bom Deus toma conta de mim. Ele não pode oferecer-me sempre o pão fortificante da humilhação exterior; mas, de tempos em tempos, permite que me alimente *das migalhas que caem da mesa das crianças* (Mc 7,28). Ah! grande é sua misericórdia!

Minha prezada Madre, já que, em vossa companhia, procuro já neste mundo cantar esta misericórdia infinita, devo ainda levar ao vosso conhecimento um real proveito, tirado, como tantos outros, de minha pequena missão. Outrora, quando via uma irmã agir de uma maneira que me desagradava e parecia contrariar a regra, eu me dizia: Ah! se pudesse adverti-la, mostrar-lhe seus erros, isso me faria bem! Mas exercendo o encargo, mudei de sentimento. Quando me acontece de ver algo de errado, dou um suspiro de alívio: "Que felicidade! não é uma noviça e não tenho obrigação de repreendê-la!" Depois, bem depressa procuro escusar a culpada, atribuindo-lhe as boas intenções que ela, sem dúvida, possui.

Venerada Madre, também os cuidados que me prodigalizastes durante minha doença instruíram-me muito sobre a caridade. Nenhum remédio vos parece demasiadamente caro; e, se ele não dá o resultado esperado, não vos cansais de experimentar outra coisa. E, quando me dirijo ao recreio, quanta atenção me dispensais para pôr-me ao abrigo das menores correntes de ar! Minha Madre, sinto que devo ser tão compassiva com as enfermidades espirituais de minhas irmãs quanto o sois por minha enfermidade física.

Tenho reparado que as religiosas mais santas são as mais amadas; procura-se sua conversa, são-lhes prestados serviços antes mesmo que os peçam; enfim, estas almas capazes de suportar faltas de atenção e de delicadeza veem-se cercadas da afeição geral. A elas pode-se aplicar esta palavra de nosso Pai São João da Cruz: "Todos os bens me foram dados, quando deixei de procurá-los por amor-próprio".

As almas imperfeitas, ao contrário, são abandonadas; usam-se com elas os limites da polidez religiosa, mas, talvez, temendo dizer-lhes alguma palavra indelicada, evita-se sua companhia. Quando falo de almas imperfeitas, não entendo somente de imperfeições espirituais, pois as mais santas só serão perfeitas no céu; entendo também a falta de juízo, de educação, a suscetibilidade de certos caracteres: coisas que não concorrem para tornar a vida agradável. Sei muito bem que são enfermidades crônicas, sem esperança de cura; mas sei também que minha Madre não deixará de me cuidar, de procurar me levantar, se ficar doente por muitos anos.

Eis a conclusão a que chego: Devo procurar a companhia das irmãs que não me agradam naturalmente, e cumprir a seu respeito o ofício do bom samaritano. Uma palavra, um sorriso amável bastam, muitas vezes, para alegrar uma alma triste e ferida. Todavia, não é somente na esperança de consolar que quero ser caridosa: sei que buscando este objetivo cairia logo no desânimo, porque uma palavra dita na melhor intenção será, talvez, tomada ao revés. Assim, para não perder nem meu tempo nem meu trabalho, procuro agir unicamente para agradar a Nosso Senhor e responder a este conselho do Evangelho:

> "Quando deres algum jantar ou ceia, não convides os teus amigos, nem os teus irmãos, nem os parentes, para que não aconteça que também eles te convidem e te paguem com isso. Mas convida os pobres, os aleijados, os coxos e os cegos; e serás bem-aventurado porque eles não têm com que te retribuir, e teu Pai, que vê o que está em segredo, recompensar-te-á" (Lc 14,12-14).

Que banquete poderia eu oferecer a minhas irmãs, a não ser um banquete espiritual, composto de caridade amável e alegre? Não, não conheço outro e quero imitar São Paulo, que se alegrava com aqueles que ele encontrava na alegria. É verdade que ele chorava com os aflitos, e as lágrimas devem, algumas vezes, aparecer no banquete que quero servir; mas procurarei sempre que as lágrimas se mudem em sorrisos, pois *o Senhor ama a quem dá com alegria* (2Cor 9,7).

Recordo-me de um ato de caridade que o bom Deus me inspirou quando ainda era noviça. Desse ato aparentemente insignificante, o Pai celeste, *que vê o que está em segredo*, já me recompensou sem esperar a outra vida.

Foi antes que minha Irmã São Pedro caísse totalmente enferma. À tarde, dez minutos antes das seis, era preciso que alguém deixasse a oração para conduzi-la ao refeitório. Custava-me muito apresentar-me para isso, pois sabia da dificuldade, ou antes, da impossibilidade de contentar a pobre doente. Entretanto, eu não queria deixar passar tão bela ocasião, lembrando-me das palavras divinas: "*O que tiverdes feito ao menor dos meus irmãos, foi a mim que o fizestes*" (Mt 25,40).

Portanto, com muita humildade, ofereci-me para acompanhá-la, e não foi sem dificuldade que consegui fazer aceitar meus serviços. Enfim, pus mãos à obra com tão boa vontade que consegui perfeitamente. Todas as tardes, quando a via agitar sua ampulheta, sabia que aquilo queria dizer: "Vamos!"

Tomando, então, toda a minha coragem, levantava-me e depois iniciava toda uma cerimônia. Era preciso remover e carregar o banco *de uma certa maneira*, sobretudo sem se apressar, e a seguir, tinha início o passeio. Tratava-se de seguir essa boa irmã, amparando-a pela cintura; fazia-o com a maior doçura que me era possível, mas se, por infelicidade, acontecia um passo em falso, logo lhe parecia que a segurava mal e ela iria cair. "Ah! meu Deus! Você anda muito depressa, vou me quebrar!" Então eu procurava levá-la mais suavemente: "Vamos, siga-me, nem sinto sua mão, não me segura, vou cair!... Ah! bem dizia eu que é muito jovem para me levar".

Enfim chegávamos, sem qualquer incidente, ao refeitório. Lá surgiam outras dificuldades: eu devia colocar minha pobre enferma em seu lugar e agir corretamente para não a ferir; a seguir, arregaçar suas mangas, sempre *de uma certa maneira*, e depois disso podia retirar-me.

Porém, notei logo que ela tinha extrema dificuldade em cortar seu pão; depois disso eu não a deixava sem prestar-lhe esse último serviço. Como nunca me havia manifestado esse desejo, ela ficou muito tocada com minha atenção, e foi por esse meio, simplesmente não premeditado, que conquistei toda a sua confiança, sobretudo – compreendi isso mais tarde – porque depois de todos esses pequenos serviços, eu lhe mostrava – dizia ela – *meu mais belo sorriso*.

Minha Madre, faz muito tempo que pratiquei esse ato de virtude e, por isso, o Senhor deixou-me a lembrança dele como um perfume, uma brisa do céu. Numa noite de inverno, executava como de hábito o humilde serviço de que falei há pouco: fazia frio e era noite... De repente, ouvi ao longe o harmonioso som de muitos instrumentos de música, e eu me representava um salão ricamente mobiliado, iluminado de brilhantes luzes, revestido de ouro; no salão, jovens elegantemente vestidas recebiam e prodigalizavam mil delicadezas mundanas. Em seguida, meu olhar voltou-se para a pobre enferma que eu amparava. Em lugar de uma melodia, eu ouvia, de tempos em tempos, seus lastimosos gemidos; em vez de douraduras, eu via os tijolos de nosso austero claustro mal iluminado por um fraco clarão.

Esse contraste impressionou suavemente a minha alma. O Senhor a iluminou com os raios da verdade, cujos fulgores ultrapassam de tal forma o brilho tenebroso dos prazeres da terra, que para gozar mil anos dessas festas mundanas eu não daria os dez minutos empregados no meu ato de caridade.

Ah! se já no sofrimento, em pleno combate, podemos gozar de semelhantes delícias ao pensar que Deus nos retirou do mundo, que será lá no céu, quando veremos, no meio de uma glória eterna e de um repouso sem fim, a incomparável graça que nos fez ao nos escolher para habitar em sua casa, verdadeiro pórtico do céu?

Não foi sempre com esses transportes de alegria que pratiquei a caridade; mas, no começo de minha vida religiosa, Jesus quis fazer-me sentir quanto é doce vê-lo na alma de suas esposas: assim, quando eu guiava minha Irmã São Pedro, fazia-o com tanto amor, que me teria sido impossível fazê-lo melhor se tivesse de guiar o próprio Nosso Senhor.

Como vos dizia há pouco, minha querida Madre, a prática da caridade não me foi sempre tão doce. Para provar isso, vou contar-vos, entre outras coisas, alguns dos meus combates.

Há muito tempo, durante a oração, não fiquei muito longe de uma irmã que não cessava de mexer no seu terço ou não sei que outra coisa; talvez não houvesse outra a ouvi-la senão eu, pois tenho um ouvido extremamente apurado; mas me é impossível expressar o enfado que eu sentia! Eu queria virar a cabeça a fim de olhar para a culpada e fazer-lhe cessar seu barulho; no entanto, do fundo do coração, pressentia que, primeiro, era melhor sofrer isso com paciência por amor ao bom Deus e, depois, também para evitar uma ocasião de magoar.

Por isso, ficava tranquila, mas às vezes o suor me inundava e me via obrigada a fazer simplesmente uma oração de sofrimento. Enfim, procurei um meio de sofrer em paz e alegria, ao menos no íntimo da alma; então, propus-me amar esse barulhinho desagradável. Em vez de procurar não o ouvir – coisa impossível –, punha minha atenção em escutá-lo, como se fosse um concerto encantador; e minha oração, *que não era a da quietude*, passava a oferecer esse concerto a Jesus.

Noutra ocasião, encontrava-me na lavanderia diante de uma irmã que, ao lavar os lenços, a todo instante molhava-me com água suja. Meu primeiro impulso foi recuar e limpar-me o rosto, a fim de mostrar àquela que me aspergia daquela forma que me prestaria um bom serviço se trabalhasse com mais tranquilidade; mas logo refleti que seria grande tolice recusar tesouros que se ofereciam tão generosamente e cuidei de não deixar transparecer meu enfado. Ao contrário, empreguei todos os meus esforços em desejar receber muita água suja, embora, depois de meia hora, tenha tomado verdadeiro gosto por esse novo gênero de aspersão, e me prometi voltar sempre que possível a este afortunado lugar em que se distribuem gratuitamente tantas riquezas.

Estais vendo, minha Madre, que sou uma alma *muito pequena*, que só pode oferecer a Deus coisas *muito pequenas*; e mais, muitas vezes me acontece que deixo escapar esses pequenos sacrifícios que transmitem tanta paz ao coração; mas isso não me desanima, resigno-me ter um pouco menos de paz e trato de ser mais vigilante em outra ocasião.

Ah! como o Senhor me torna feliz! Como é fácil e doce servi-lo nesta terra! Sim, repito, Ele sempre me deu o que desejei, ou melhor, fez-me desejar o que queria me dar. Assim, pouco tempo antes de minha terrível tentação contra a fé, eu refletia comigo: Na verdade, não tenho grandes sofrimentos exteriores, e, para ter aqueles interiores, será preciso que o bom Deus mude meu caminho; e não creio que Ele o faça. Portanto, não posso viver sempre assim no repouso. Que meios, pois, irá Ele encontrar?

A resposta não se fez esperar; mostrou-me que nunca faltam meios Àquele que eu amo; porque, sem mudar meu caminho, deu-me esta grande provação, que imediatamente veio misturar uma salutar amargura a todas as minhas doçuras.

11
Dois irmãos sacerdotes – O que ela entende por estas palavras do Cântico: "Atraí-me..." – Sua confiança em Deus – Uma visita do céu – Ela encontra seu repouso no amor – Sublime infância – Apelo a todas as "almas pequenas"

Caminho da infância espiritual

> *Da boca das crianças tu fizeste sair uma força vitoriosa para confundir teus inimigos e impor silêncio aos blasfemadores* (Sl 8).
>
> *"No coração da Igreja, minha Madre, eu serei o Amor... Meus irmãos trabalham em meu lugar, e eu, pequena criança, permaneço perto do trono real. Eu lanço as flores dos pequenos sacrifícios, canto o cântico do Amor. Amo por aqueles que combatem."*

Não é somente quando quer mandar-me provações que Jesus me faz pressenti-las e desejá-las. Há muito tempo já, eu acalentava um desejo que me parecia irrealizável: o de ter um irmão sacerdote. Muitas vezes, pensava que se meus irmãozinhos não tivessem voado para o céu, teria tido a felicidade de vê-los subir ao altar; e eu lamentava a falta dessa felicidade! E eis que o bom Deus, indo além do meu sonho – pois eu desejava somente um irmão sacerdote que, diariamente, se lembrasse de mim no santo altar – uniu-me pelos laços da alma a *dois* de seus apóstolos. Minha amada Madre, quero contar-vos em detalhe como o divino Mestre cumpriu meus desejos.

Foi nossa Mãe Santa Teresa que, em 1895, enviou-me o primeiro irmão, como ramalhete de festa. Era dia de limpeza, e andava muito ocupada com meu trabalho, quando a Madre Inez de Jesus[24], então Priora, chamou-me à parte e me leu uma carta de um jovem seminarista que, inspirado, dizia, por Santa Teresa, pedia uma irmã que se dedicasse especialmente à sua salvação e à salvação das almas que, a seguir, ser-lhe-iam confiadas; prometia lembrar-se sempre daquela que se tornaria sua irmã quando pudesse oferecer o Santo Sacrifício. E fui escolhida para me tornar a irmã desse futuro missionário.

Minha Madre, não saberia falar-vos de meu júbilo. Meu desejo, realizado assim de uma maneira inesperada, fez nascer em meu coração uma alegria que eu chamaria de infantil; porque me foi necessário voltar aos dias de minha infância para encontrar a lembrança dessas alegrias tão vivas, que a alma é demasiado pequena para contê-las. Nunca, depois de anos, eu gozara esse tipo de felicidade; sentia que, por esse lado, minha alma era inexperiente, como se nela tivessem sido tocadas cordas musicais até então esquecidas. Entendendo as obrigações que eu me impunha, pus mãos à obra, procurando redobrar o fervor e, de tempos em tempos, escrevi algumas cartas ao meu novo irmão. Sem dúvida, é pela oração e pelo sacrifício

24. Sua irmã Paulina.

que podemos ajudar os missionários, mas, por vezes, quando quer unir duas almas para sua glória, Jesus permite que possam comunicar uma à outra os seus pensamentos, a fim de se exercitarem a amar sempre mais a Deus.

Sei que para isso é necessária uma vontade expressa da autoridade; caso contrário, parece-me que essa correspondência *solicitada* produziria mais mal do que bem, se não ao missionário, ao menos à carmelita, continuamente levada, por seu gênero de vida, a recolher-se dentro de si mesma. Em vez de uni-la ao bom Deus, essa troca de cartas – mesmo remota – ocupar-lhe-ia inutilmente o espírito, e imaginaria, talvez, realizar maravilhas, quando, na realidade, simplesmente nada aconteceria senão buscar, sob o disfarce de zelo, uma distração supérflua.

Minha amada Madre, eis-me dividida em mim mesma, não numa distração, mas numa dissertação igualmente supérflua... Nunca me corrigirei desses alongamentos que, ao lê-los, deverão ser-vos muito cansativos! Perdoai-me, e permiti que eu recomece na próxima ocasião.

Em fins de maio do ano passado, foi vossa vez de me dar um segundo irmão; e diante de minha reflexão que, tendo já oferecido meus pobres méritos por um futuro apóstolo, pensava não poder oferecê-los também nas intenções de um outro, destes-me esta resposta: que a obediência duplicaria meus méritos.

Do fundo de minha alma, pensei muito nisso; e, já que o zelo de uma carmelita deve abraçar o mundo, com a graça de Deus, espero até ser útil a mais de dois missionários. Rezo por todos, sem deixar de lado os simples sacerdotes, cujo ministério, por vezes, é também tão difícil quanto o dos apóstolos que pregam aos infiéis. Enfim, quero ser "filha da Igreja" como nossa Mãe Santa Teresa e rezar por todas as intenções do Vigário de Jesus Cristo. É o objetivo geral de minha vida.

Mas, assim como ter-me-ia unido especialmente às obras de meus queridos irmãozinhos, se tivessem vivido, sem por isso deixar os grandes interesses da Igreja, que se estendem por todo o universo, da mesma forma permaneço particularmente unida aos novos irmãos que Jesus me deu. Tudo o que me pertence, pertence a cada um deles, e sinto que Deus é muito bom, muito generoso para fazer partilhas; Ele é tão rico que doa sem medida o que lhe peço, ainda que não me perca em longas enumerações.

E já que tenho somente dois irmãos e minhas irmãzinhas as noviças, se quisesse enumerar as necessidades de cada alma, os dias seriam demasiado curtos e recearia muito esquecer alguma coisa importante. Às almas simples não são necessários meios complicados e, como estou no número delas, o próprio Nosso Senhor inspirou-me um meiozinho muito simples de cumprir minhas obrigações.

Um dia, depois da santa comunhão, ele me fez compreender esta palavra dos Cânticos: "*Atraí-me, nós correremos atrás do cheiro dos vossos perfumes*" (Ct 1,3). Ó Jesus, não é, pois, necessário dizer: Ao me atrair, atraí as almas que eu amo. Esta simples palavra "*Atraí-me*" é suficiente! Sim, quando uma alma se deixa cativar pelo odor inebriante de vossos perfumes, ela não saberá correr sozinha, todas as almas que ela ama são arrastadas atrás dela; é uma consequência natural de sua atração por vós!

Assim como uma torrente arrasta atrás de si, para as profundezas dos mares, tudo o que encontra em sua passagem, da mesma forma, ó meu Jesus, a alma que se lança no oceano sem limites de vosso amor atrai para si todos os seus tesouros! Senhor, sabeis que, para mim, esses tesouros são as almas que quisestes unir à minha; fostes vós que me confiastes esses tesouros; igualmente, ouso valer-me de vossas próprias palavras, aquelas da última noite que ainda vivestes em nossa terra, viajante e mortal.

Meu amado Jesus, não sei o dia em que há de terminar meu exílio... mais de uma noite, talvez, poderei cantar ainda na terra as vossas misericórdias; mas enfim também para mim há de chegar a derradeira noite... então, poderei dizer-vos:

> *Eu vos glorifiquei na terra, cumpri a obra que me mandastes fazer, manifestei vosso Nome aos que Vós me destes. Eram vossos, e Vós os destes a mim. Agora conhecem que tudo o que me destes vem de Vós: porque eu lhes comuniquei as palavras que Vós me confiastes; eles as receberam e creram que fostes Vós que me enviastes. Peço-vos por aqueles que me destes, porque são vossos. Eu já não estou no mundo, mas eles ainda estão no mundo, enquanto eu retorno para Vós. Conservai-os por causa de vosso Nome.*
> *Agora vou para vós; e é para que a alegria que vem de Vós seja perfeita neles que eu disse isso, enquanto estou no mundo... Não vos peço que os tireis do mundo, mas que os preserveis do mal. Eles não são do mundo, assim como também eu já não sou do mundo.*
> *Não vos peço somente por eles, mas também por aqueles que crerão em Vós por meio de sua palavra.*
> *Meu Deus, espero que onde eu estiver, os que me destes estejam também comigo; e que o mundo conheça que Vós os amastes como me amastes a mim* (Jo 17).

Sim, Senhor, eis o que, diante de Vós, gostaria de repetir antes de voar para vossos braços! Talvez seja temeridade; mas não... há muito tempo, não me permitistes ser audaciosa convosco? Como o pai do filho pródigo falando a seu filho mais velho, Vós me dissestes: "*Tudo o que é meu é teu*" (Lc 15,31). Portanto, ó Jesus, são minhas as vossas palavras, e posso servir-me delas para atrair sobre as almas que me pertencem os favores do Pai celeste.

Bem o sabeis, ó meu Deus, nunca desejei outra coisa senão unicamente vos amar, nem ambiciono outra glória. Vosso amor me veio desde a infância, cresceu comigo e agora é um abismo cuja profundeza não chego a sondar.

Amor atrai amor, o meu lança-se para Vós, e quereria encher o abismo que o atrai; infelizmente, porém, nem chega a ser uma gota de orvalho perdida no Oceano! Para amar-vos como me amais, tenho necessidade de emprestar vosso próprio amor, pois só então encontro repouso. Ó meu Jesus, parece-me que não podeis encher uma alma de mais amor do que enchestes a minha, e por isso ouso pedir-vos que *ameis aqueles que me destes como tendes amado a mim*.

Se um dia, lá no céu, eu descobrir que os amais mais do que a mim, rejubilar-me-ei por isso, reconhecendo, já neste mundo, que estas almas bem que o merecem; no mundo, porém, não posso conceber maior imensidão de amor do que aquela que vos aprouve me conceder, sem mérito algum de minha parte.

Minha Madre, estou assombrada com o que acabo de escrever, mas não tive essa intenção!

Repetindo esta passagem do santo Evangelho: "*Comuniquei-lhes as palavras que me confiastes*", não pensei em meus irmãos, mas nas minhas irmãzinhas do noviciado, pois não me julgo capaz de instruir missionários. O que escrevi para eles foi a oração de Jesus: "*Não vos peço que os tireis do mundo... Rogo-vos também por aqueles que crerão em Vós por meio de sua palavra*". Realmente, como poderia deixar no esquecimento as almas que se tornarão sua conquista pelo sofrimento e pela pregação?

Mas não expliquei totalmente meu pensamento sobre esta passagem dos sagrados Cânticos: "*Atraí-me, nós corremos...*"

Jesus disse: "*Ninguém pode vir a mim, se o Pai que me enviou não o atrair*" (Jo 6,44). A seguir, ensina-nos que basta bater para que nos abram, procurar para encontrar e estender humildemente a mão para receber. E acrescenta que tudo o que pedirmos ao Pai em seu nome, ser-nos-á concedido. Sem dúvida, será por isso que, antes do nascimento de Jesus, o Espírito Santo ditou esta oração profética: "*Atraí-me, nós corremos...*".

Pedir para ser atraído é querer unir-se de maneira íntima ao objeto que prende o coração. Se o fogo e o ferro fossem dotados de razão, e este último dissesse ao outro: "Atraí-me", não manifestaria seu desejo de identificar-se com o fogo até participar de sua substância? Pois bem, é precisamente esta a minha oração. Peço a Jesus que me atraia para as chamas de seu amor, que me ligue tão estreitamente a si que Ele viva e opere em mim. Sinto que quanto mais o fogo do amor abrasar meu coração, mais direi: "Atraí-me", e também as almas, quanto mais se aproximarem da minha, mais apressadas correrão, atraídas pela fragrância dos perfumes do Amado.

Sim, elas correm, nós corremos juntas, porque as almas abrasadas não podem ficar inativas. Sem dúvida, como Santa Madalena, permanecem aos pés de Jesus, ouvindo sua palavra doce e inflamada. Parecendo não dar nada, doam muito mais do que Marta, que se preocupa *com muitas coisas* (Lc 10,41). Todavia, Jesus não censura os trabalhos de Marta, mas unicamente sua preocupação; esses mesmos trabalhos aos quais humildemente sujeitou-se sua divina Mãe, quando lhe competia preparar as refeições da Sagrada Família.

Todos os santos entenderam isso, e mais particularmente, talvez, aqueles que encheram o universo com a luz de doutrina evangélica. Por acaso não foi na oração que São Paulo, Santo Agostinho, Santo Tomás de Aquino, São João da Cruz, Santa Teresa e muitos outros amigos de Deus buscaram essa ciência admirável que extasia os maiores gênios?

Um sábio disse: "Dai-me um ponto de apoio e, com uma alavanca, eu erguerei o mundo". O que Arquimedes não conseguiu, alcançaram-no plenamente os santos. O Todo-poderoso deu-lhes um ponto de apoio: *Ele mesmo, só Ele*! Por alavanca, a oração que transforma em brasa um fogo de amor; e é assim que eles ergueram o mundo, é assim que os santos ainda militantes o erguem e o erguerão até o fim dos tempos.

Minha querida Madre, resta-me ainda dizer-vos o que entendo por *fragrância dos perfumes do Amado*. Já que Jesus retornou ao céu, só posso segui-lo acompanhando as pegadas que Ele deixou. Ah! como são luminosos esses vestígios! Como são divinamente embalsamados! Basta-me lançar os olhos sobre o santo Evangelho: imediatamente respiro o perfume da vida de Jesus e sei para que lado correr. Não é ao primeiro lugar, mas ao último que me lanço. Deixo o fariseu subir e, cheia de confiança, repito a humilde oração do publicano. Ah! imito sobretudo a conduta de Madalena, sua maravilhosa, ou melhor, sua amorosa audácia que encanta o Coração de Jesus e seduz o meu!

Não é por ter sido preservada do pecado mortal que me elevo a Deus pela confiança e pelo amor. Ah! sinto que, mesmo se levasse na consciência todos os crimes que podem ser cometidos, nem assim perderia minha confiança; com o coração quebrado pelo arrependimento, eu iria lançar-me nos braços do meu Salvador. Sei que Ele ama o filho pródigo, ouvi suas palavras a Santa Madalena, à mulher adúltera, à Samaritana. Não, ninguém poderia atemorizar-me, porque sei em que conceito devo ter seu amor e sua misericórdia. Sei que toda essa multidão de ofensas desapareceria num abrir e fechar de olhos, como uma gota de água lançada num braseiro ardente.

Narra-se na Vida dos Padres do Deserto que um deles converteu uma pecadora pública, cujas desordens escandalizavam uma região inteira. Tocada pela graça, essa pecadora seguia o santo para o deserto a fim de ali realizar uma rigorosa penitência, quando, na primeira noite da viagem, antes mesmo de chegar ao lugar do seu retiro, seus laços mortais foram quebrados pela impetuosidade de seu arrependimento cheio de amor; e, no mesmo instante, o solitário viu que sua alma era levada pelos Anjos ao seio de Deus.

Eis um exemplo muito impressionante do que eu desejava dizer, mas essas coisas não podem ser expressas... Ah! minha Madre, se as almas fracas e imperfeitas como a minha sentissem o que sinto, nenhuma delas perderia a esperança de atingir o cume da montanha do Amor, pois Jesus não pede grandes ações, mas somente o abandono e o reconhecimento.

> *Não tenho necessidade alguma, diz ele, dos cabritos de teus rebanhos, porque são minhas todas as feras das selvas e os milhares de animais que pastam sobre as colinas: conheço todas as aves do céu.*
> *Se tiver fome, não é a ti que o diria: porque a terra e tudo o que ela contém é meu. Porventura comerei carne de touros, ou beberei sangue de cabritos?*
> *Oferece a Deus sacrifícios de louvor e ações de graças* (Sl 49,9-14).

Portanto, eis tudo o que Jesus nos pede! Não precisa de nossos trabalhos, mas unicamente do nosso *amor*. Esse mesmo Deus, que declara não ter necessidade de dizer-nos que tem fome, não receia mendigar um pouco de água à Samaritana... Ele tinha sede!!! Mas dizendo: "*Dá-me de beber*" (Jo 4,7), era o amor de sua pobre criatura que o Criador do universo pedia. Tinha sede de amor!

Sim, mais do que nunca Jesus está sedento. Só encontra ingratos e indiferentes entre os discípulos do mundo; e entre *os seus discípulos*, infelizmente, encontra bem poucos corações que se entregam sem reserva alguma à ternura do seu Amor infinito.

Madre querida, somos felizes por compreender os íntimos segredos de nosso Esposo! Ah! se quisésseis escrever o que conheceis sobre isso, teríamos belas páginas para ler. Porém, sei que, como a Santíssima Virgem, preferis conservar *todas essas coisas* no fundo do vosso coração (Lc 2,19)... A mim, entretanto, dizeis-me *que é louvável publicar as obras do Altíssimo* (Tb 12,7). Acho que tendes razão em guardar silêncio; é realmente impossível revelar em palavras terrestres os segredos do céu!

De minha parte, após ter escrito todas estas páginas, creio não ter ainda começado. Há tamanha diversidade de horizontes, tantas nuanças variadas ao infinito, que só a paleta do pintor celeste, após a noite desta vida, poderá fornecer-me as cores divinas capazes de pintar as maravilhas que Ele descobre ao olho de minha alma.

Entretanto, minha venerada Madre, já que me manifestais o desejo de, na medida do possível, conhecer a fundo todos os sentimentos do meu coração, e visto que quereis que eu ponha por escrito o sonho mais consolador de minha vida, terminarei a história de minha alma com este ato de obediência. Se me permitirdes, dirigir-me-ei a Jesus; dessa forma, falarei com mais facilidade. Talvez, minhas expressões vos possam parecer exageradas; asseguro-vos, porém, que não existe exagero algum em meu coração: tudo nele é calma e repouso.

Ó Jesus, quem poderá descrever com que ternura, com que suavidade, conduzis minha pequena alma!...

Nela, a tempestade rugia fortemente depois da bela festa de vosso triunfo, a radiante festa da Páscoa; quando, um dia do mês de maio, fizestes brilhar um raio puríssimo de vossa graça na escuridão de minha noite... Refletindo sobre os sonhos misteriosos que, por vezes, enviais aos vossos prediletos, eu dizia que essa consolação não era feita para mim; que, para mim, era noite, sempre noite profunda! E, durante a tempestade, adormeci.

No dia seguinte, 10 de maio, aos primeiros clarões da aurora, vi-me, durante meu sono, numa galeria onde passeava a sós com nossa Madre. De repente, sem saber como haviam entrado, percebi três carmelitas revestidas com seus mantos e grandes véus, e compreendi que elas vinham do céu. "Ah! como seria feliz", pensei, "se visse o rosto de uma dessas carmelitas!" Como se minha oração tivesse sido ouvida, a maior das santas religiosas adiantou-se para mim, e eu caí de joelhos. Ó felicidade! Ela levantou o véu, ou melhor, ergueu-o e me cobriu com ele.

Sem hesitação alguma, *reconheci* a Venerável Madre Ana de Jesus, fundadora do Carmelo na França[25]. Seu semblante era

25. A Venerável Madre Ana de Jesus, no mundo Anna de Lobera, nasceu na Espanha em 1545. Entrou para a Ordem do Carmelo, no

belo, de uma beleza imaterial; raio algum saía dela e, entretanto, apesar do véu espesso que nos encobria a ambas, eu via esse rosto celeste banhado numa luz inefavelmente suave que parecia ser produzida por ela mesma.

A santa me encheu de carícias, e eu, vendo-me tão ternamente amada, ousei pronunciar estas palavras: "Ó minha Madre, eu vos suplico, dizei-me se o bom Deus vai me deixar muito tempo na terra. Virá Ele me buscar em breve?" Ela sorriu com ternura. "*Sim, em breve... em breve... Eu lhe prometo.*" "Minha Madre", acrescentei eu, "dizei-me ainda se o bom Deus vai pedir-me outra coisa além de minhas pobres pequenas ações e de meus desejos; Ele está satisfeito comigo?"

Nesse momento, o semblante da Venerável Madre resplandeceu de novo fulgor, e sua expressão pareceu-me incomparavelmente mais terna. "*O bom Deus não lhe pede outra coisa*", disse-me ela, "*Ele está contente, muito contente!...*" E, tomando minha cabeça em suas mãos, fez-me tais carícias, que me seria impossível descrever-lhes a doçura. Meu coração transbordava de alegria, mas lembrei-me de minhas irmãs e quis pedir algumas graças para elas... Infelizmente, acordei!

---

primeiro mosteiro de São José de Ávila, em 1570, e logo tornou-se a conselheira e a coadjutora de Santa Teresa, que a chamava de "*sua filha e sua coroa*". São João da Cruz, seu diretor espiritual durante catorze anos, gostava de dizer que era "*um serafim encarnado*", e todos tinham tal estima por sua sabedoria e sua santidade, que os sábios a consultavam em suas dúvidas e recebiam as respostas como se fossem oráculos. Fiel herdeira do espírito de Santa Teresa, ela recebera do Céu a missão de conservar em sua perfeição primitiva a Reforma do Carmelo. Após fundar três mosteiros dessa reforma na Espanha, ela a implantou na França e depois na Bélgica, onde, já célebre por seus mais elevados dons sobrenaturais, particularmente o da contemplação, morreu em odor de santidade no Convento das Carmelitas de Bruxelas, em março de 1621. A 3 de maio de 1878, Sua Santidade o Papa Leão XIII assinou a introdução da causa de beatificação dessa grande serva de Deus.

Não saberia expressar a alegria de minha alma. Vários meses se passaram depois desse inefável sonho e, todavia, a lembrança que me fica nada perdeu de seu frescor e de seus encantos celestes. Ainda vejo o olhar e o sorriso cheios de amor dessa santa carmelita, creio sentir ainda as carícias de que me cumulou.

Ó Jesus, *ordenastes aos ventos e ao mar e seguiu-se grande bonança* (Mt 8,26).

Ao acordar, acreditava, sentia que existe um céu, e que esse céu está povoado de almas que me amam e me consideram sua filha. Essa impressão permanece em meu coração, muito mais suave do que a Venerável Madre Ana de Jesus me havia sido então, quase ouso dizer, indiferente; nunca a havia invocado e sua lembrança só me vinha à mente quando ouvia falar dela, aliás, coisa muito rara.

E agora sei, compreendo, quão pouco indiferente eu lhe era, e este pensamento aumenta meu amor, não somente por ela, mas por todas as bem-aventuradas habitantes da pátria celeste.

Ó meu Amado! Essa graça não foi senão o prelúdio das graças maiores ainda que queríeis me conceder; permiti que as recorde hoje, e perdoai-me se deliro ao querer repetir minhas esperanças e meus desejos, que chegam ao infinito... perdoai-me e curai minha alma dando-lhe o que ela espera!

Ser vossa esposa, ó Jesus, ser carmelita, e, por minha união convosco, ser a mãe das almas, deveria bastar-me. Contudo, sinto em mim outras vocações: sinto em mim a vocação do guerreiro, do sacerdote, do apóstolo, do doutor, do mártir... Gostaria de realizar todas as mais heroicas obras, sinto em mim a coragem de um cruzado, gostaria de morrer no campo de batalha em defesa da Igreja.

A vocação do sacerdote! Com que amor, ó Jesus, haveria de carregar-vos em minhas mãos, quando minha voz vos fizesse descer do céu! Com que amor haveria de dar-vos às almas! Mas ai! Desejando muito ser sacerdote, admiro e invejo a humildade de São Francisco de Assis e sinto em mim a vocação de imitá-lo, recusando a sublime dignidade do sacerdócio. Como, pois, aliar esses contrastes?

Quisera iluminar as almas como os profetas, os doutores. Quisera percorrer a terra, pregar vosso Nome e plantar em solo infiel vossa cruz gloriosa, ó meu Amado! Mas uma só missão não me bastaria: quisera ao mesmo tempo anunciar o Evangelho a todas as partes do mundo, até às ilhas mais distantes. Quisera ser missionária, não somente por alguns anos, mas quisera tê-lo sido desde a criação do mundo, e continuar a sê-lo até a consumação dos séculos.

Ah! sobretudo, quisera ser mártir. O martírio! Eis o sonho de minha juventude; esse sonho cresceu comigo na minha celazinha do Carmelo. E esta é outra loucura, pois não desejo apenas um gênero de suplício; para satisfazer-me seriam necessários todos...

Como Vós, meu adorado Esposo, quisera ser flagelada, crucificada... Quisera ser esfolada como São Bartolomeu; como São João, quisera ser lançada no azeite fervente; desejo, como Santo Inácio de Antioquia, ser triturada pelos dentes das feras, a fim de tornar-me um pão digno de Deus. Como Santa Inez e Santa Cecília, quisera apresentar meu pescoço à espada do carrasco; e como Joana d'Arc murmurar o nome de Jesus sobre uma fogueira ardente!

Se meu pensamento chega aos tormentos inauditos que serão a partilha dos cristãos no tempo do anticristo, sinto meu coração estremecer, quisera que esses tormentos fossem reservados a mim. Abri, meu Jesus, vosso Livro da Vida, onde são narradas as ações de todos os Santos; tais ações, quisera tê-las realizado por Vós!

Que haveis de responder a todas as minhas loucuras? Haverá na terra uma alma mais pequena, mais impotente do que a minha? E contudo, exatamente em vista de minha fraqueza, houvestes por bem realizar meus pequenos desejos infantis; e quereis hoje realizar outros desejos maiores do que o universo...

Como essas aspirações tornavam-se um verdadeiro martírio, um dia abri as epístolas de São Paulo, a fim de procurar algum remédio para meu tormento. Dei com os olhos nos capítulos 12 e 13 da primeira Carta aos Coríntios, onde li que nem todos podem ser, ao mesmo tempo, apóstolos, profetas e doutores, que a Igreja se compõe de diferentes membros, e que o olho não poderia ser, ao mesmo tempo, a mão.

A resposta era clara, mas não satisfazia meus anseios e não me tranquilizava. "*Abismando-me então nas profundezas do meu nada, elevei-me tão alto que alcancei meu objetivo*"[26]. Sem desanimar, continuei minha leitura e o seguinte conselho me aliviou: "*Aspirai, pois, aos dons melhores, e eu vos mostrarei um caminho ainda mais excelente*" (1Cor 12,31).

E o Apóstolo explica como todos os dons, mesmo os mais perfeitos, são um nada sem o *Amor*, e que a Caridade é o mais excelente caminho para chegarmos a Deus com segurança. Enfim, havia encontrado o repouso!

Considerando o corpo místico da santa Igreja, não me havia reconhecido em nenhum dos membros descritos por São Paulo, ou melhor, queria reconhecer-me em todos. A Caridade deu-me a chave de *minha vocação*. Compreendi que, se a Igreja tinha um corpo composto de diferentes membros, não lhe faltaria o mais necessário, o mais nobre de todos os órgãos; compreendi que ela tinha *um coração*, e que esse coração ardia de amor; compreendi que somente o amor movimentaria seus membros, que, se o amor viesse a se extinguir, os apóstolos já não anunciariam o Evangelho, os mártires recusar-se-iam a derramar seu sangue. Compreendi que o amor comportaria todas as vocações, que o amor era tudo, que ele abrangeria todos os tempos e todos os lugares, porque ele é eterno!

26. São João da Cruz.

Então, no auge de minha delirante alegria, exclamei: "Ó Jesus, meu amor! Até que enfim descobri minha vocação! *Minha vocação é o amor*! Sim, encontrei meu lugar no seio da Igreja, e este lugar, ó meu Deus, é a Vós que eu o devo: no coração da Igreja minha Mãe, *eu serei o amor*!... Assim, serei tudo; assim, realizar-se-á o meu sonho!"

Por que falar em alegria delirante? Não, essa expressão não é correta; é antes a paz que passei a partilhar, a paz calma e serena do navegador que avista o farol a indicar-lhe o porto. O farol luminoso do amor! Sei como chegar a ti, descobri o segredo de apropriar-me de tuas chamas!

Sou apenas uma criança impotente e fraca; contudo, é minha própria fraqueza que me dá a audácia de oferecer-me como vítima ao vosso amor, ó Jesus! Outrora, somente as hóstias puras e sem mácula eram aceitas pelo Deus forte e poderoso: para satisfazer a justiça divina eram necessárias vítimas perfeitas; mas à lei do temor sucedeu a lei do amor, e o amor escolheu-me por holocausto, a mim, criatura fraca e imperfeita! Essa escolha não é digna do amor? Sim, para que o amor seja plenamente satisfeito, é preciso que se abaixe até o nada e que transforme esse nada em fogo.

Ó meu Deus, sei que *o amor só com amor se paga*[27]. Assim, procurei e encontrei o meio de aliviar meu coração retribuindo-vos amor com amor.

"*Granjeai amigos com as riquezas da iniquidade, para que, quando vierdes a precisar, vos recebam nos tabernáculos eternos*" (Lc 16,9). Eis, Senhor, o conselho que dais a vossos discípulos, após haver-lhes dito que *os filhos das trevas são mais hábeis em seus negócios do que os filhos da luz* (Lc 16,8).

Filha da luz, compreendi que meus desejos de ser tudo, de abraçar todas as vocações, eram riquezas que facilmente poderiam tornar-me injusta; então, procurei granjear-me amigos.

27. São João da Cruz.

Lembrando-me da oração de Eliseu ao Profeta Elias, quando lhe pediu que duplicasse sobre ele o seu espírito, apresentei-me diante dos Anjos e da assembleia dos Santos e lhes disse: "Sou a menor das criaturas, conheço minha miséria, mas sei também quanto os corações nobres e generosos gostam de fazer o bem; suplico-vos, pois, bem-aventurados habitantes da cidade celeste, que me adoteis como filha: só a vós pertencerá a glória que me fizerdes adquirir; dignai-vos ouvir minha oração, obtende-me, suplico-vos, *duplicado o vosso amor*!"

Senhor, não consigo medir o alcance de meu pedido, temo ver-me oprimida sob o peso de meus audaciosos desejos! Minha desculpa é meu título de *criança*: as crianças não refletem sobre o alcance de suas palavras. Todavia, se seu pai, se sua mãe sobem ao trono e entram na posse de imensos tesouros, não hesitam em contentar os desejos dos pequenos seres que eles amam mais do que a si mesmos. Para dar-lhes prazer, fazem loucuras e até cometem fraquezas.

Pois bem, sou filha da santa Igreja. A Igreja é rainha, pois é vossa Esposa, ó divino Rei dos reis! Não são as riquezas e a glória – mesmo a glória do céu – que meu coração ambiciona. Por direito, a glória pertence a meus irmãos: os Anjos e os Santos. Em mim, a glória será o reflexo que jorrará da fronte de minha Mãe. O que peço é o *amor*! Sei somente uma coisa, ó Jesus, *amar-vos*! As obras brilhantes me estão interditadas; não posso pregar o Evangelho, derramar meu sangue... Que importa? Meus irmãos trabalham em meu lugar, e eu, *criancinha*, permaneço pertinho do trono real, amo por aqueles que combatem.

Mas como testemunharei meu amor, visto que o amor se prova pelas obras? Pois bem, *a criancinha há de lançar flores*... Embalsamará o trono divino com seus perfumes e, com sua voz argentina, cantará o cântico do amor!

Sim, meu Amado, é assim que minha efêmera vida há de consumir-se diante de Vós. Não tenho outro meio de provar-

-vos meu amor senão lançando flores: isto é, sem deixar escapar nenhum pequeno sacrifício, nenhum olhar, nenhuma palavra, aproveitando as menores ações e realizando-as por amor. Quero sofrer por amor e, até, gozar por amor; assim lançarei rindo. Não encontrarei uma sem desfolhá-la por Vós... e depois cantarei, cantarei sempre, ainda que seja necessário colher minhas rosas entre os espinhos; e meu canto será tanto mais melodioso quanto mais longos e picantes forem esses espinhos.

Mas, meu Jesus, de que vos servirão minhas flores e meus cantos? Ah! sei muito bem que essa chuva embalsamada, essas pétalas frágeis e sem valor algum, esses cantos de amor de um coração tão pequeno hão de encantar-vos mesmo assim. Sim, estes nadas causar-vos-ão prazer: farão sorrir a Igreja triunfante, que, querendo brincar com sua pequena filha, recolherá essas rosas desfolhadas e, fazendo-as passar por vossas mãos divinas para revesti-las de um valor infinito, lançá-las-á sobre a Igreja padecente, a fim de apagar-lhe as chamas; sobre a Igreja militante, a fim de dar-lhe a vitória.

Ó meu Jesus, amo-vos, amo a Igreja minha mãe; lembro-me que *o menor movimento de puro amor lhe é mais útil do que todas as demais obras reunidas*[28]. Mas o puro amor estará realmente em meu coração? Meus imensos desejos não são um sonho, uma loucura? Ah! se assim for, iluminai-me; bem o sabeis que busco a verdade. Se meus desejos forem temerários, fazei-os desaparecer; porque tais desejos são para mim o maior dos martírios. Entretanto, confesso que, se um dia eu não atingir essas regiões mais elevadas pelas quais aspira a minha alma, terei gozado mais doçura no meu martírio, na minha loucura, do que gozaria no seio das alegrias eternas; a menos que, por um milagre, apagásseis a recordação de minhas esperanças terrestres. Jesus! Jesus! se é tão delicioso o desejo do amor, o que será, então, possuí-lo, gozá-lo para sempre?

28. São João da Cruz.

Como pode uma alma tão imperfeita quanto a minha aspirar à plenitude do amor? Que mistério é esse? Por que não reservais, ó meu único Amigo, essas imensas aspirações às grandes almas, às águias que planam nas alturas? Infelizmente, não passo de um pequeno passarinho coberto só de uma leve penugem; não sou uma águia, tenho apenas seus olhos e seu coração... Sim, apesar de minha extrema pequenez, ouso fixar o Sol divino do amor e ardo em desejos de arremessar-me até ele! Quisera voar, quisera imitar as águias; mas tudo o que posso é erguer minhas asinhas; meu pequeno poder não tem condições de levantar voo.

Que será de mim? Hei de morrer de dor por me ver tão impotente? Oh! não, nem sequer vou me afligir. Com um audacioso abandono, quero permanecer lá, fixando até a morte meu divino Sol. Nada poderá atemorizar-me, nem o vento, nem a chuva; e, se grossas nuvens vierem esconder o Astro do amor, se me parecer não acreditar que existe outra coisa além da noite desta vida, isso será, então, o momento de perfeita alegria, o momento de empurrar minha confiança até os limites extremos, atenta em não mudar de lugar, certa de que, além das tristes nuvens, meu doce Sol ainda brilha!

Ó meu Deus! até ali compreendo o vosso amor por mim; sabeis, porém, com que frequência permito distrair-me de minha única ocupação, afasto-me de Vós, molho minhas asinhas recém-formadas nas miseráveis poças de água que encontro sobre a terra! Então *gemo como a andorinha* (Is 38,14), e meus gemidos vos dizem tudo, e Vós, ó misericórdia infinita, recordais-vos *que não viestes chamar os justos mas os pecadores* (Mt 9,13).

Contudo, se permanecerdes surdo aos lamentosos gorjeios de vossa débil criatura, se permanecerdes velado, pois bem, consinto ficar molhada, aceito tiritar de frio e ainda me alegro por esse merecido sofrimento. Ó meu Astro querido! Sim, sou feliz por me sentir pequena e fraca em vossa presença, e meu coração permanece em paz... Sei que todas as águias de vossa corte celeste se compadecem de mim, que elas me protegem, me defendem e afugentam os abutres, imagem dos demônios, que quereriam devorar-me. Ah! não os temo, simplesmente não sou destinada a ser sua presa, mas da Águia divina.

Ó Verbo, ó meu Salvador! tu és a Águia que amo e que me atrai: és tu que, lançando-te para a terra do exílio, quiseste sofrer e morrer a fim de elevar todas as almas e mergulhá-las até o centro da Santíssima Trindade, eterno fogo do amor! És tu que, tendo voltado para a luz inacessível, permaneces escondido em nosso vale de lágrimas sob a aparência de uma branca hóstia, e isso para nutrir-me com tua própria substância. Ó Jesus! permite-me dizer-te que teu amor chega à loucura... Diante dessa loucura, como queres que meu amor não se lance para ti? Como minha confiança poderá ter limites?

Ah! sei que, por ti, também os Santos cometeram loucuras, fizeram grandes coisas, pois eram águias! Eu sou demasiado pequena para fazer grandes coisas, e minha loucura consiste em esperar que teu amor me aceite como vítima; minha loucura é contar com os Anjos e os Santos para voar até ti com tuas próprias asas, ó minha Águia adorada! Igualmente, pelo tempo que quiseres, permanecerei com os olhos fixos em ti, quero ser *fascinada* por teu olhar divino, quero tornar-me presa de teu amor. Um dia, é o que espero, derramar-te-ás sobre mim e, arrebatando-me ao fogo do amor, mergulhar-me-ás enfim nesse abismo abrasador, a fim de tornar-me para sempre a feliz vítima.

Ó Jesus, quem me dera poder falar a todas as *pequenas almas* tua inefável condescendência! Sinto que se encontrasses uma mais fraca do que a minha – o que julgo impossível – terias prazer de enchê-la de favores ainda maiores, contanto que se abandonasse com toda a confiança à tua misericórdia infinita!

Mas, por que estes desejos de comunicar teus segredos de amor, ó meu Amado? Não foste tu, somente tu, que os ensinaste a mim, e não podes revelá-los a outros? Sim, eu sei e peço-te que o faças; *suplico-te que volvas teu olhar divino sobre um grande número de pequenas almas, suplico-te que, neste mundo, escolhas para ti uma legião de pequenas vítimas, dignas de teu AMOR!!!…*

Jesus!
Recorda-te das divinas ternuras
Com as quais encheste todos os pequeninos;
Também eu quero receber teus carinhos.
Ah! dá-me teus encantadores beijos;
Para gozar nos céus de tua doce presença
Saberei praticar as virtudes da infância.

Não disseste com frequência:
"O céu é das crianças..."
Recorda-te!
TERESA DO MENINO JESUS

12
O calvário – O voo para o céu

Quero passar meu céu a fazer o bem sobre a terra – Depois de minha morte, farei cair uma chuva de rosas

> *"Não quero permanecer inativa no céu, meu desejo é trabalhar mais pela Igreja e pelas almas. Peço-o a Deus e estou certa de que me ouvirá..."*
> *"É de suma importância que a alma se exercite muito no AMOR, a fim de que, consumindo-se rapidamente, pouco se detenha neste mundo, mas prontamente chegue a ver seu Deus face a face."*
> São João da Cruz

Muitas páginas desta história jamais serão lidas na terra... Disse-o Irmã Teresa do Menino Jesus; e nós, forçosamente, o repetimos depois dela. Há sofrimentos que não é permitido revelar neste mundo; ciosamente o Senhor reservou só para si descobrir-lhes o mérito e a glória na clara visão de que rasgará todos os véus...

Ele fez "*transbordar para a alma de sua pequena esposa as ondas de ternura infinita escondidas em seu divino Coração*": foi o martírio de amor que sua melodiosa voz cantou com tanta suavidade. Mas "*oferecer-se como vítima ao amor não é oferecer-se às doçuras, às consolações...*", Teresa o provou, porque o divino Mestre a conduziu através das ásperas sendas da dor; e foi somente em seu austero cume que ela morreu vítima de caridade.

Vimos quanto foi grande o sacrifício de Teresa quando ela deixou para sempre seu pai, que tão ternamente a amava, e a casa paterna, onde havia sido tão feliz; mas, talvez, se há de pensar que esse sacrifício lhe foi muito suavizado, visto que, no Carmelo, ela encontrou suas duas irmãs mais velhas, as queridas confidentes de sua alma: ao contrário, para a jovem postulante foi a ocasião das mais sensíveis privações.

A solidão e o silêncio eram rigorosamente observados, e ela só via suas irmãs na hora dos recreios. Se ela tivesse sido menos mortificada, com frequência, teria podido sentar-se a seu lado; mas "*ela procurava preferentemente a companhia das religiosas que menos lhe agradavam*"; podia-se também dizer que ninguém sabia se ela dedicava particular afeição a suas irmãs.

Algum tempo depois de sua entrada, deram-lhe a incumbência de ajudar a Irmã Inez de Jesus, sua "*Paulina*" tão amada: e foi uma nova fonte de sacrifícios. Teresa sabia ser proibida qualquer palavra inútil e jamais se permitiu a menor confidência. "Ó minha Mãezinha", dirá ela mais tarde, "quanto sofri então!... Não podia abrir-lhe meu coração e pensava que já não me conhecia!..."

Após cinco anos de heroico silêncio, Irmã Inez de Jesus foi eleita Priora. Na tarde do dia da eleição, o coração da "*Teresinha*" deveria pulsar de alegria ao pensar que doravante poderia falar à sua "*Mãezinha*" com plena liberdade e, como outrora, derramar sua alma naquela da Madre Priora; mas o sacrifício tornara-se o alimento de sua vida; se ela pediu um favor, foi o de ser considerada a última, de ter sempre o último lugar. Inclusive, de todas as religiosas, foi a que mais raramente viu sua Madre Priora.

Ela queria viver a vida do Carmelo em toda a perfeição exigida por sua Santa Reformadora. Apesar de mergulhada numa habitual aridez, sua oração era constante. Um dia, ao entrar em sua cela, uma noviça parou, impressionada pela expressão verdadeiramente celestial de seu rosto. Ela costurava com vivacidade e, no entanto, parecia perdida numa contemplação profunda.

"Em que está a pensar?", perguntou-lhe a jovem irmã. "Medito o Pai-nosso", respondeu ela. "É tão doce chamar o bom Deus *nosso* Pai!...", e lágrimas brilharam em seus olhos.

"Não vejo o que poderei ter no céu mais do que agora", dizia ela em outra ocasião; "verei o bom Deus, é verdade, mas quanto a estar com Ele, vivo inteiramente unida a Ele na terra."

Uma viva chama de amor a consumia. Eis o que ela mesma narra:

"Dias depois de meu oferecimento ao *Amor misericordioso*, iniciei no Coro o exercício da Via-sacra, quando de repente me senti ferida por uma seta de fogo tão ardente que pensei que ia morrer. Não sei como explicar esse êxtase; não há comparação que possa fazer compreender a intensidade dessa chama. Parecia-me que uma força invisível me arremessava toda no fogo. Oh! que fogo! que doçura!"

Como a Madre Priora lhe perguntasse se esse fora o primeiro êxtase de sua vida, ela respondeu simplesmente:

"Minha Madre, tive vários êxtases de amor, particularmente uma vez, durante o meu noviciado, quando permaneci uma semana inteira bem longe deste mundo; havia como que um véu lançado para mim sobre todas as coisas da terra. Mas eu não era queimada por uma chama real e podia suportar essas delícias sem esperar ver meus laços se quebrarem sob seu peso; ao passo que, no dia do qual falei, um minuto, um segundo a mais e minha alma separar-se-ia do corpo... Mas, aí!, encontrei-me novamente sobre a terra, e a secura, imediatamente, veio habitar em meu coração!"

Mais um pouco, e seria uma doce vítima do amor. A mão divina retirou seu dardo de fogo, mas a ferida era mortal....

Nessa íntima união com Deus, Teresa adquiriu sobre seus atos um domínio verdadeiramente notável; todas as virtudes desabrocharam à vontade no delicioso jardim de sua alma.

E não se creia que essa magnífica eflorescência de belezas sobrenaturais cresceu sem esforço algum.

"Absolutamente, não existe na terra fecundidade sem sofrimento: sofrimentos físicos, angústias particulares, provações conhecidas por Deus ou pelos homens. Quando a leitura da vida dos Santos gera em nós pensamentos piedosos, resoluções generosas, não devemos limitar-nos, como acontece com os livros profanos, a pagar um tributo qualquer de admiração ao gênio de seus autores; mas refletir, sobretudo, no preço que, sem dúvida alguma, eles pagaram pelo bem sobrenatural produzido por eles em cada um de nós"[29].

E, se hoje a "*santinha*" opera transformações maravilhosas no coração, se é imenso o bem que ela faz na terra, com toda a verdade podemos crer que isso lhe custou o mesmo que Jesus sacrificou para salvar nossas almas: o sofrimento e a cruz.

Um de seus menores sofrimentos não foi a luta corajosa que ela empreendeu contra si mesma, recusando qualquer satisfação às exigências de sua briosa e ardente natureza. Desde criança, habituara-se a nunca se escusar nem se queixar; no Carmelo, ela quis ser a humilde serva de suas irmãs.

Nesse espírito de humildade, esforçava-se por obedecer a todas indistintamente.

Uma tarde, durante sua doença, a comunidade devia reunir-se no eremitério do Sagrado Coração para cantar um hino. Irmã Teresa do Menino Jesus, já consumida pela febre, a muito custo conseguiu ir também; mas lá chegou exausta e teve de sentar-se imediatamente. Uma religiosa lhe fez sinal de levantar-se para cantar o hino. Sem hesitar, a humilde filha

29. Dom Guéranger.

levantou-se e, apesar da febre e da opressão, permaneceu de pé até o fim.

A enfermeira havia-lhe aconselhado fazer diariamente um pequeno passeio de um quarto de hora no jardim. O conselho tornara-se ordem para ela. Uma tarde, vendo-a caminhar com muita dificuldade, uma irmã lhe disse: "Melhor seria se repousásseis; em tais condições, o passeio não vos pode ser proveitoso, só a esgota, eis tudo!" "É verdade", respondeu esta filha da obediência, "mas sabeis o que me dá forças?... Pois bem, *caminho por um missionário*. Penso que lá, bem distante, um deles talvez esteja esgotado em suas caminhadas apostólicas; e, para diminuir suas fadigas, ofereço as minhas ao bom Deus."

Às suas noviças ela deu sublimes exemplos de desapego:

Um ano, por ocasião da festa da Madre Priora, nossas famílias e os empregados do mosteiro haviam enviado ramalhetes de flores. Teresa os dispunha com gosto, quando uma irmã em uma conversa disse-lhe em tom descontente: "Bem se vê que esses ramalhetes grandes foram dados por vossa família; aqueles dos pobres vão ficar em segundo plano!" Um meigo sorriso foi a única resposta da santa carmelita. Imediatamente, apesar da pouca harmonia que devia resultar da mudança, ela colocou em primeiro lugar os ramalhetes dos pobres.

Muito admirada por tão grande virtude, a Irmã foi acusar-se de sua imperfeição à Reverenda Madre Priora, louvando em voz alta a paciência e a humildade da Irmã Teresa do Menino Jesus.

Assim, quando a "*Pequena Rainha*" deixou a terra do exílio pelo reino de seu Esposo, essa mesma Irmã, cheia de fé em seu poder, aproximou sua fronte dos pés gelados da virginal filha, pedindo-lhe perdão pela falta de outrora. No mesmo instante, ela sentiu-se curada de uma anemia cerebral que, há longos anos, a impedia de realizar qualquer trabalho intelectual, mesmo a leitura e a oração mental.

Longe de fugir das humilhações, procurava-as com diligência; foi assim que se ofereceu para ajudar uma Irmã que se sabia ser difícil de satisfazer; seu generoso oferecimento foi aceito. Um dia em que ela acabava de receber uma série de censuras, uma noviça perguntou-lhe por que mantinha um ar tão feliz. Foi grande sua surpresa ao ouvir esta resposta: "É porque minha Irmã acaba de dizer-me coisas desagradáveis. Oh! quanto isso me agradou! Gostaria de encontrá-la agora a fim de poder-lhe sorrir". No mesmo instante, a Irmã bate à porta e, maravilhada, a noviça pôde ver como perdoam os santos.

"De tal modo eu pairava acima de tudo", dirá ela mais tarde, "que saía fortificada das humilhações."

A todas essas virtudes, ela acrescentava uma coragem extraordinária. Desde que, aos quinze anos, entrou para o Carmelo, foi-lhe permitido realizar todas as práticas de nossa austera regra, exceto o jejum. Por vezes, suas companheiras de noviciado notavam sua palidez e procuravam que fosse dispensada do Ofício noturno ou de levantar-se cedo; a venerada Madre Priora[30], simplesmente, não aceitou seus pedidos: "Uma alma dessa têmpera", dizia, "não deve ser tratada como uma criança, as dispensas não são feitas para ela. Deixem, Deus a sustenta. Aliás, se está doente, ela própria deverá avisar-me."

Mas Teresa tinha o princípio de que "*antes de se queixar, é preciso ir até o fim de suas forças*". Quantas vezes ela se dirigiu às Matinas com vertigens ou violentas dores de cabeça!

---

30. Era a Reverenda Madre Maria de Gonzaga. Ela havia reconhecido em sua noviça "uma alma extraordinária, já santa e capaz de se tornar, mais tarde, uma Priora de elite". É por isso que lhe deu essa educação religiosa tão rígida, que Teresa aproveitou tão bem e da qual mostrou-se filialmente reconhecida, como disse na *História de sua alma*. Foi em suas mãos que Irmã Teresa do Menino Jesus deu seu último suspiro, "*feliz*",dizia ela, "de não ter, nesse momento, sua Mãezinha por Superiora, a fim de poder exercer com proveito seu espírito de fé na autoridade". Madre Maria de Gonzaga morreu aos 71 anos de idade, a 17 de dezembro de 1904, assistida pela Reverenda Madre Inez de Jesus, então Priora.

"Ainda posso caminhar", dizia ela, "então devo cumprir meu dever!" E, graças a essa energia, ela simplesmente cumpriu atos heroicos.

Seu delicado estômago dificilmente se acomodava à alimentação frugal do Carmelo; certos alimentos causavam-lhe repugnância; mas ela sabia disfarçar tão bem, que jamais alguém suspeitou disso. Sua vizinha de mesa disse ter, em vão, procurado descobrir que alimentos mais lhe apeteciam. E também as irmãs da cozinha, vendo que se contentava com pouco, serviam-lhe invariavelmente as sobras.

Somente durante sua última doença foi revelada a sua mortificação, quando lhe ordenaram dizer o que lhe fazia mal.

"Quando Jesus quer que soframos", dizia ela então, "é absolutamente necessário passar por isso. Assim, no tempo em que minha Irmã Maria do Sagrado Coração (sua irmã Maria) era provedora, empenhava-se em tratar-me com a ternura de uma mãe, e eu parecia muito mimada! Entretanto, quantas mortificações ela me fez fazer, pois me servia segundo seus gostos, absolutamente opostos aos meus!"

Seu espírito de sacrifício era universal. Tudo quanto havia de mais penoso e menos agradável, ela se apressava a escolhê-lo como parte que lhe era devida; tudo o que Deus lhe pedia ela lho dava sem pedir retorno.

"Durante meu postulantado", disse ela, "custava-me muito fazer certas mortificações exteriores em uso em nossos mosteiros; mas nunca cedi às minhas repugnâncias: parecia-me que o Crucifixo do pátio me fitava com olhos suplicantes e mendigava-me tais sacrifícios."

Sua vigilância era tal que não deixava de observar nenhuma das recomendações de sua Madre Priora, nenhum dos pequenos regulamentos que tornam meritória a vida religiosa. Tendo notado sua extraordinária fidelidade a este ponto, desde então uma Irmã idosa considerou-a santa.

Ela gostava de dizer que não fazia grandes penitências: é que seu fervor considerava um nada aquelas que lhe eram permitidas. Assim, aconteceu que ficou doente por ter usado, por muito tempo, uma pequena cruz de ferro, cujas pontas cravaram-se em sua carne. "Isso não me aconteceu por tão pouco", dizia ela a seguir, "se o bom Deus não tivesse querido fazer-me compreender que as macerações dos santos não são feitas para mim, nem para as pequenas almas que caminharão pelo mesmo caminho da infância."

"*As almas mais amadas por meu Pai*", dizia um dia Nosso Senhor a Santa Teresa, "*são as que Ele mais prova; e a grandeza de suas provações é a medida de seu amor.*" Teresa era uma dessas almas mais amadas por Deus; e Ele iria encher de seu amor imolando-a nesse cruel martírio.

Conhecemos o convite da Sexta-feira Santa, 3 de abril de 1896, quando, segundo sua expressão, ela ouviu "*como um longínquo murmúrio a anunciar-lhe a chegada do Esposo*". Longos meses, bem dolorosos, deveriam ainda passar antes dessa abençoada hora da libertação.

Na manhã desta Sexta-feira Santa, ela soube tão bem fazer crer que sua hemoptise não teria consequências, que a Madre Priora permitiu-lhe cumprir todas as penitências prescritas pela regra para aquele dia. À tarde, uma noviça surpreendeu-a a limpar janelas. Ela tinha o rosto pálido e, apesar de sua energia, parecia no fim de suas forças. Vendo-a tão desfalecida, a noviça, que a amava, prorrompeu em lágrimas, suplicando-lhe que permitisse pedir algum alívio para ela. Mas a jovem mestra proibiu-lhe terminantemente, dizendo que muito bem poderia suportar uma leve fadiga neste dia em que Jesus havia sofrido tanto por ela.

Logo uma persistente tosse inquietou a Reverenda Madre, que submeteu a Irmã Teresa do Menino Jesus a um regime fortificante, e a tosse desapareceu por alguns meses.

"De fato", dizia então nossa querida irmãzinha, "a doença é uma condutora muito lenta, *conto unicamente com o amor*."

Fortemente tentada a responder ao apelo do Carmelo de Hanói, que pedia ajuda com instância, ela iniciou uma novena ao venerável Teofânio Vénard, com o objetivo de obter sua completa cura. Infelizmente, essa novena tornou-se o ponto de partida de um estado ainda mais grave.

Depois de, como Jesus, *ter passado pelo mundo a fazer o bem*; depois de ter sido esquecida, desconhecida como Ele, nossa santinha iria segui-lo subindo um doloroso Calvário.

Habituada a sempre vê-la sofrer e, todavia, continuar sempre corajosa, sua Madre Priora, sem dúvida inspirada por Deus, permitiu-lhe seguir os exercícios da comunidade, alguns dos quais a fatigavam ao extremo.

Ao cair da noite, a heroica filha devia subir sozinha a escada do dormitório; parando a cada degrau para retomar o fôlego, com muito custo alcançava sua cela, aonde chegava tão extenuada que, por vezes, era-lhe necessária – confessou mais tarde – uma hora para tirar a roupa. E, depois de tantas fadigas, devia passar o tempo de repouso sobre seu duro enxergão.

Também as noites eram péssimas; e quando alguém lhe perguntava se não necessitava de alguma ajuda nessas horas de sofrimento, respondia: "Oh! não; ao contrário, estou muito bem por me ver numa cela bastante retirada e não ser ouvida por minhas Irmãs. Estou contente por sofrer sozinha, pois se for chorada e cercada de delicadezas, *eu não gozo mais*".

Santa filha!... Que domínio adquiristes sobre vós mesma para poder dizer com sinceridade essas sublimes palavras!... Assim, aquilo que a nós causa tanto desprazer: o esquecimento das criaturas, tornou-se para vós motivo de júbilo!... Ah! como vosso divino Esposo sabia conduzir com perfeição esse amargo júbilo que vos era tão suave!

Com frequência, aplicavam-lhe pontas de fogo nas costas. Um dia em que lhe foram particularmente dolorosas, ela repousava em sua cela durante o recreio. Ouviu então que, na cozinha, uma Irmã falava dela nestes termos: "Minha Irmã Teresa do Menino Jesus vai morrer em breve; e eu, na verdade, pergunto-me o que nossa Madre poderá dizer dela depois de sua morte. Ver-se-á em dificuldade, pois essa Irmãzinha, por sinal, muito amável, certamente, nada tem que seja digno de ser contado".

A enfermeira, que tudo ouvira, disse à Irmã Teresa:

"Se vos tivésseis apoiado na opinião das criaturas, passaríeis hoje por uma grande desilusão."

"A opinião das criaturas! Ah! felizmente o bom Deus sempre me deu a graça de manter-me absolutamente indiferente a elas. Ouça uma pequena história que acaba de mostrar-me o que essa opinião vale:

"Alguns dias após minha tomada de hábito, fui ter com Nossa Madre. Ao perceber-me, uma Irmã de véu branco que lá se encontrava disse: 'Minha Madre, recebestes uma noviça que vos faz honra! Ela tem um bom aspecto! Espero que siga a regra por muito tempo!'. Eu estava muito contente com o elogio, quando chegou outra Irmã do véu branco e, por sua vez, disse: 'Mas, minha pobrezinha Irmã Teresa do Menino Jesus, como tem ar de fatigada! Tem uma saúde que faz temer; se isso continuar não seguirá a regra por muito tempo!'. Na ocasião, eu tinha somente dezesseis anos; mas essa pequena história deu-me tal experiência que, depois, considerei um nada a opinião tão variável das criaturas."

"Dizem que a senhora nunca sofreu muito?"

Sorriu e, apontando para um copo contendo uma poção de um vermelho brilhante, disse:

"Vedes este pequeno copo", disse ela, "dir-se-ia que está cheio de um licor delicioso; na realidade, nunca tomei coisa mais amarga. Pois bem, é a imagem de minha vida: aos olhos dos outros, ela sempre se revestiu das cores mais risonhas; parecia-lhes que eu bebia um requintado licor; e era só amargura!

Eu disse amargura, e entretanto minha vida não foi amarga, porque eu soube tirar minha alegria e minha doçura de todas as amarguras."

"Estais sofrendo muito, neste momento, não é verdade?"

"Sim, mas eu o desejei muito!"

"Como nos penaliza vê-la sofrer tanto, e pensar que, talvez, haveis de sofrer mais ainda", diziam-lhe suas noviças.

"Oh! Não se aflijam por mim, pois *cheguei a ponto de não poder sofrer, porque todo o sofrimento me é suave*. Aliás, não lhes parece erro pensar no que pode vir de doloroso no futuro, é como meter-se a criar! Nós que corremos no caminho do amor, é preciso que nada nos perturbe. Se não tivesse de sofrer minuto a minuto, não me seria possível observar a paciência; mas vejo unicamente o momento presente, esqueço o passado e me acautelo de encarar o futuro. Se nos desestimulamos, se por vezes desesperamos, é porque pensamos no passado e no futuro. Entretanto, rezem por mim: muitas vezes, quando suplico ao Céu que venha em meu socorro, é então que sou mais desamparada!"

"Como fazeis para não desanimar nesses abandonos?"

"Volto-me para o bom Deus, para todos os santos, e assim mesmo lhes agradeço; *creio que eles querem ver até onde lançarei minha esperança*... Mas não é em vão que a palavra de Jó entrou no meu coração: 'Ainda que Deus me matasse, nele esperarei!' (Jó 13,15). Confesso que passou muito tempo antes de me estabelecer neste grau de abandono; e agora estou lá, *o Senhor me tomou e ali me colocou!*"

Dizia ela ainda: "Meu coração está repleto da vontade de Jesus; por isso, qualquer coisa que lhe queiram derramar por cima não chega a penetrar até o fundo; é um nada que desliza facilmente, como o azeite sobre a superfície de uma água límpida. Ah! se minha alma estivesse repleta de antemão, se fosse necessário enchê-la com os sentimentos de alegria ou de tristeza que se sucedem tão depressa, isso seria uma onda de dor muito amarga! Essas alternativas, porém, só tocam minha alma; assim permaneço sempre numa paz profunda, que por nada pode ser perturbada".

Contudo, sua alma estava envolta em densas trevas: suas tentações contra a fé, sempre vencidas e sempre renovadas, estavam lá para tirar-lhe qualquer sentimento de felicidade ao pensar na proximidade de sua morte.

"Se não tivesse a provação que é impossível compreender", dizia ela, "creio que morreria de alegria só com o pensamento de, em breve, deixar esta terra."

Por esta provação, o divino Mestre queria acabar de purificá-la e permitir-lhe não só andar a passos rápidos, mas voar em seu *pequeno caminho de confiança e de abandono*. Suas palavras o provam a cada instante:

"Não desejo mais a morte do que a vida; se o Senhor me deixasse escolher, não escolheria nada; quero somente aquilo que Ele quer; *o que Ele faz, isso eu amo*!

"Não temo, absolutamente, os últimos combates, nem os sofrimentos da doença, por maiores que sejam. O bom Deus sempre me socorreu: ajudou-me e conduziu-me pela mão desde minha mais tenra infância... Conto com Ele. O sofrimento poderá chegar aos limites extremos, mas estou certa de que Ele jamais me abandonará."

Tal confiança devia excitar o furor do demônio, que, nos últimos momentos, põe em ação todos os seus ardis infernais no intuito de semear a desesperança nos corações.

"Ontem à noite", dizia ela à Madre Inez de Jesus, "fui tomada de uma verdadeira angústia, e minhas trevas aumentaram. Não sei que voz maldita me dizia: 'Tens certeza de ser amada por Deus? Ele veio dizê-lo a ti? Não é a opinião de algumas criaturas que te justificará diante dele'.

"Há muito tempo já me atormentavam esses pensamentos, quando vieram trazer-me vosso bilhete verdadeiramente providencial. Vós me recordáveis, minha Madre, todos os privilégios de Jesus à minha alma; e, como se minha angústia vos tivesse sido revelada, dizíeis-me que eu era grandemente amada por Deus, e na véspera de receber de sua mão a coroa eterna. A calma e a alegria logo renasceram no meu coração. Entretanto, eu ainda me dizia: 'É a afeição de minha Mãezinha por mim que a faz escrever essas palavras'. Então, imediatamente, fui inspirada a tomar o santo Evangelho e, abrindo-o ao acaso, meus olhos caíram sobre esta passagem, que eu jamais havia reparado: 'Aquele a quem Deus enviou, fala palavras de Deus; porque Deus não lhe dá o Espírito por medida' (Jo 3,34).

"Pouco depois adormeci, inteiramente consolada. Fostes vós, minha Madre, que o bom Deus me enviou, e eu devo crer em vós, pois me dizeis as mesmas coisas que Deus."

No decorrer do mês de agosto ela esteve vários dias como que fora de si mesma, suplicando-nos a orar por ela. Jamais a vimos assim. Nesse estado de angústia inexprimível, ouvimo-la repetir:

"Oh! como é preciso rezar pelos agonizantes! Se o soubessem!"

Uma noite, ela suplicou à enfermeira que lançasse água benta sobre seu leito, dizendo:

"O demônio anda ao meu redor; não o vejo, mas o sinto... Ele me atormenta, segura-me com uma mão que parece de ferro para impedir-me de sentir o mais leve alívio; ele aumenta meus males a fim de que eu me desespere... E não posso rezar! Posso apenas olhar para a Santíssima Virgem e dizer: Jesus! Como é necessária a oração das Completas: '*Procul recedant somnia, et noctium phantasmata!* Livrai-nos dos fantasmas da noite.

"Experimento algo de misterioso, não sofro por mim, mas por outra alma... e o demônio não quer."

Vivamente impressionada, a enfermeira acendeu uma vela benta, e o espírito das trevas desapareceu para nunca mais voltar. Todavia, nossa irmãzinha continuou até o fim em dolorosas angústias.

Um dia, enquanto ela olhava para o céu, fizeram-lhe esta reflexão:

"Logo habitareis além do céu azul; por isso o contemplais com tanto amor!"

Ela se contentou a sorrir e depois disse à Madre Priora:

"Minha Madre, nossas Irmãs não conhecem meu sofrimento! Olhando para o firmamento azul, só pensava ver a beleza desse céu material: *o outro me está sempre mais fechado*... Primeiro, afligi-me com a reflexão que me fizeram, depois, uma voz interior me respondeu: *Sim, tu olhavas o céu por amor. Já que tua alma está totalmente entregue ao amor, todos os teus atos, mesmo os mais indiferentes, estão marcados pelo selo divino*. No mesmo instante, fiquei consolada."

A despeito das trevas que a envolviam totalmente, de tempos em tempos o Carcereiro divino entreabria a porta de sua obscura prisão; então ocorria um êxtase de abandono, de confiança e de amor.

Estando um dia a passear pelo jardim, amparada por uma de suas irmãs, ela parou diante do quadro encantador de uma galinha branca abrigando sob as asas sua graciosa família. Imediatamente seus olhos se encheram de lágrimas; voltando-se para sua querida condutora, disse-lhe: "Não posso demorar-me mais, entremos depressa...".

E, na cela, chorou longamente sem poder articular uma só palavra. Enfim, olhando para sua irmã, com uma expressão inteiramente celeste, acrescentou:

"Pensei em Nosso Senhor, na amável comparação que Ele tomou para fazer-nos acreditar em sua ternura. Foi assim que agiu por mim em toda a minha vida: *escondeu-me inteiramente sob suas asas*! Não consigo dizer o que se passou em meu coração. Ah! o bom Deus faz bem em esconder-se a meus olhos e, raramente, mostrar-me como que '*através de grades*' (Ct 2,9) os efeitos de sua misericórdia; sinto que não poderia suportar sua doçura."

Não podíamos resignar-nos a perder esse tesouro de virtudes e, a 5 de junho de 1897, iniciamos uma fervorosa novena a Nossa Senhora das Vitórias, esperando que, mais uma vez, ela reanimaria com um milagre a *florzinha* do seu amor. Mas ela nos deu a mesma resposta que o venerável mártir Teofânio, e tivemos de aceitar generosamente a amarga perspectiva de uma separação próxima.

No começo de julho, seu estado tornou-se mais grave e, enfim, tivemos de transferi-la para a enfermaria.

Vendo sua cela vazia e certa de que nunca mais a encontraria ali, a Madre Inez de Jesus lhe disse:

"Quando já não estiverdes entre nós, que tristeza sentirei ao olhar para esta cela!"

"Para vos consolar, minha Mãezinha, pensareis que estou felicíssima lá no céu e que adquiri grande parte de minha felicidade nesta pequena cela; porque", acrescentou ela elevando ao céu seu belo olhar profundo, "*ali sofri muito* e seria feliz se ali morresse."

Ao entrar na enfermaria, o olhar de Teresa voltou-se primeiramente para a Virgem milagrosa que havíamos colocado ali. Seria impossível traduzir a expressão desse olhar: "O que vê?", perguntou-lhe sua irmã Maria. Estava lá a mesma que, em sua infância, foi testemunha de seu êxtase e lhe serviu também de mãe. Ela respondeu:

"Nunca me pareceu tão bela!... Mas hoje é a estátua; *sabeis muito bem que outrora não era a estátua...*"

Daí em diante, a angélica filha foi consolada da mesma maneira. Uma noite ela exclamou:

"Quanto amo a Virgem Maria! Se tivesse sido sacerdote, como teria falado dela! Alguns a mostram inacessível, melhor seria mostrá-la imitável. *Ela é mais mãe do que rainha!* Ouvi dizer que seu fulgor eclipsa todos os santos; como o sol, ao nascer, faz desaparecer as estrelas. Meu Deus! que estranho modo de falar! Uma mãe que faz desaparecer a glória de seus filhos! De minha parte, penso totalmente o contrário; creio que aumentará muitíssimo o esplendor dos eleitos... A Virgem Maria! Parece-me que sua vida foi muito simples!"

E, continuando seu discurso, apresentou-nos um quadro tão suave, tão delicioso da vida íntima da Sagrada Família, que ficamos admiradas.

Uma provação muito sensível a esperava. Depois do dia 16 de agosto até 30 de setembro, dia venturoso de sua comunhão eterna, por causa dos vômitos que incessantemente se produziam, não lhe foi possível receber a santa Eucaristia. O Pão dos Anjos! Quem mais o amou do que esse serafim da terra? Quantas vezes, mesmo em pleno inverno desse último ano, após suas noites de cruéis sofrimentos, a corajosa filha levantou-se de manhã para dirigir-se à Mesa sagrada! Nunca considerava demasiado caro comprar a felicidade de unir-se a seu Deus.

Antes de ser privada desse alimento celeste, Nosso Senhor visitou-a com frequência em seu leito de dor. A comunhão do dia 16 de julho, festa de Nossa Senhora do Carmo, foi particularmente comovedora. Durante a noite ela compôs a seguinte estrofe, que devia ser cantada antes da comunhão:

> Tu que conheces minha extrema pequenez,
> Não temas abaixar-te até mim!
> Vem ao meu coração, ó Sacramento que amo;
> Vem ao meu coração... que aspira por ti.
> Quero, Senhor, que tua bondade me deixe
> Morrer de amor depois deste favor;
> Jesus, ouve o grito de minha ternura,
> Vem ao meu coração!

Na manhã, à passagem do Santíssimo Sacramento, o piso do nosso claustro desapareceu sob as flores dos campos e as rosas desfolhadas. Um jovem sacerdote que, naquele dia, devia celebrar sua primeira missa em nossa capela, levou o sagrado Viático à nossa meiga doente. E Irmã Maria da Eucaristia, cuja voz melodiosa tinha vibrações celestes, cantou segundo o seu desejo:

> Morrer de amor é um dulcíssimo martírio,
> E é este que eu quereria sofrer.
> Ó Querubins! afinai vossa lira,
> Pois sinto que meu exílio vai findar...
> . . . .
> Divino Jesus, realiza meu sonho:
> Morrer de amor!

Alguns dias depois a pequena vítima de Jesus piorou muito; e a 30 de julho recebeu a Unção dos Enfermos. Jubilosa disse então:

"A porta de minha sombria prisão está entreaberta, estou radiante, sobretudo depois que nosso Padre Superior me assegurou de que, hoje, minha alma se assemelha à de uma criancinha recém-batizada."

Sem dúvida, pensava voar dentro em breve para o meio da branca falange dos Santos Inocentes. Ela não sabia que dois meses de martírio ainda a separavam de sua libertação.

Um dia, disse à Madre Priora:

"Minha Madre, peço-vos que me concedais a permissão de morrer... Deixai que ofereça minha vida nesta intenção..."

E assim que esta permissão lhe foi recusada, respondeu:

"Pois bem, sei que neste momento o bom Deus deseja *um cachinho de uvas*, que ninguém lhe quer oferecer e, por isso, será obrigado *a vir roubá-lo*... Não peço nada, porque isso seria sair do meu caminho de abandono; peço somente à Virgem Maria que recorde a seu Jesus o título de *Ladrão*, que Ele deu a si mesmo no santo Evangelho, a fim de que não se esqueça de vir *roubar-me*."

Um dia, trouxeram-lhe um feixe de espigas de trigo. Ela tomou uma tão cheia de grãos que se inclinou sobre sua haste; considerou-a demoradamente... e depois disse à Madre Priora:

"Minha Madre, esta espiga é imagem de minha alma: *o bom Deus encheu-me de graças para mim e pelo bem dos outros*!... Ah! quero inclinar-me sempre sob a abundância dos dons celestes, reconhecendo que tudo vem do alto."

E não se enganava: sim, sua alma estava carregada de graças... e não era difícil distinguir o Espírito de Deus louvando a si mesmo por meio dessa boca inocente!

Esse Espírito de verdade havia já feito a grande Teresa de Ávila escrever:

> *Com humilde e santa presunção, as almas que chegaram à união divina tenham-se em alta estima; sem cessar, tenham diante dos olhos a lembrança dos benefícios recebidos e cuidem de não pensar que fazem um ato de humildade ao não reconhecerem as graças de Deus. Não é evidente que a lembrança fiel dos benefícios aumenta o amor pelo benfeitor? De que maneira aquele que ignora as riquezas de que é possuidor poderá participar delas e distribuí-las com liberalidade?*

Não foi essa a única vez que *a Teresinha de Lisieux* pronunciou palavras verdadeiramente inspiradas.

No mês de abril de 1895, quando estava muito bem de saúde, ela fez esta confidência a uma religiosa anciã e digna de fé:

"Hei de morrer em breve; não digo que isso será dentro de poucos meses; *mas dentro de dois ou três anos, quando muito; sinto isso por aquilo que se passa em minha alma*."

As noviças testemunhavam-lhe sua surpresa por vê-la adivinhar seus pensamentos mais íntimos:

"Eis meu segredo", disse-lhes ela, "jamais vos faço a mínima observação sem invocar a Virgem Santíssima, peço-lhe que me inspire o que devo fazer para vosso maior bem; e, muitas vezes, eu mesma me admiro das coisas que vos ensino. Na hora em que o digo, simplesmente sinto que não me engano e que Jesus fala através de minha boca."

Durante sua doença, uma de suas Irmãs acabava de passar por um momento de penosa angústia, quase de desânimo, com a previsão de uma inevitável e próxima separação. Entrando pouco depois na enfermaria, sem deixar transparecer seu sofrimento, ficou muito surpresa ao ouvir nossa santa doente dizer-lhe em tom sério e triste: "Não se deve chorar como os que não têm esperança!"

Uma de nossas Madres, que viera visitá-la, prestava-lhe um pequeno serviço. "Como ficaria feliz", pensava ela, "se este anjo me dissesse: 'Pagar-lhe-ei isto no Céu!'. No mesmo instante, a Irmã Teresa do Menino Jesus voltou-se para ela e lhe disse: '*Minha Madre, no Céu pagar-lhe-ei isto*!'"

Mais surpreendente, porém, é que ela demonstrava ter consciência da missão para a qual o Senhor a enviara à terra. O véu do futuro parecia rasgado diante dela; e, mais de uma vez, ela revelou-nos os segredos em profecias já realizadas:

"*Nunca dei ao bom Deus senão amor*", dizia ela, "*e Ele me retribuía com amor*. Depois de minha morte, farei cair uma chuva de rosas."

Uma Irmã falava-lhe da bem-aventurança do céu. Ela a interrompeu, dizendo: "Não é isso que me atrai...". "Que é então?"

"Oh! é o amor! Amar, ser amada *e voltar à terra para fazer amar o amor*".

Uma noite, ela recebeu Madre Inez de Jesus com uma particularíssima expressão de serena alegria:

"Minha Madre, acabam de chegar aos meus ouvidos algumas notas de um concerto longínquo, e pensei que logo mais ouvirei melodias incomparáveis; mas esta esperança só me alegrou por um instante; uma única expectativa fez bater meu coração: *é o amor que hei de receber e aquele que poderei dar!*"

"*Sinto que minha missão vai iniciar, minha missão de fazer amar o bom Deus como eu o amo... de dar meu pequeno caminho às almas. Quero passar meu céu a fazer o bem sobre a terra. Isso não é impossível, visto que, mesmo no seio da visão beatífi-*

ca, os anjos velam sobre nós. Não, não poderei tomar descanso até o fim do mundo! Mas quando o anjo tiver dito: 'Não há mais tempo' (Ap 10,6), *só então descansarei, poderei gozar, porque o número dos eleitos estará completo.*"

"Que pequeno caminho quereis, pois, ensinar às almas?"

"Minha Madre, é o caminho da infância espiritual, é o caminho da confiança e do abandono total. Quero indicar-lhes os pequenos meios que me deram excelentes resultados; dizer-lhes que, na terra, há uma única coisa a ser feita: *lançar a Jesus as flores dos pequenos sacrifícios, cativá-lo por meio de carinhos! Foi assim que eu o cativei e é com isso que hei de ser bem recebida*!"

"Se vos induzir ao erro com meu pequeno caminho de amor", dizia a uma noviça, "não precisais temer, pois não vos deixarei segui-lo por muito tempo. Aparecerei logo para dizer-vos que tome outro caminho; mas, se eu não voltar, crede na verdade de minhas palavras: *nunca teremos confiança demais no bom Deus, tão poderoso e tão misericordioso! Obteremos dele tanto quanto nele confiarmos!...*"

Na véspera da festa de Nossa Senhora do Carmo, uma noviça lhe disse:

"Se morrêsseis amanhã, depois da comunhão, creio que seria uma morte tão bela que me consolaria de toda a minha mágoa."

E Teresa respondeu com vivacidade:

"Morrer depois da comunhão! Num dia de grande festa! Não, isso não há de acontecer: *as almas pequenas não poderiam imitar isso*. No meu pequeno caminho, só existem coisas muito ordinárias; é preciso que as pequenas almas possam fazer tudo o que eu faço."

E mais, escreveu a um de seus irmãos missionários:

"O que me atrai à Pátria dos céus é o apelo do Senhor, é a esperança de, enfim, amá-lo como tanto desejei, e o pensamento que poderei fazê-lo amar *por uma multidão de almas* que o bendirão eternamente."

E em outra ocasião:

"Espero não ficar inativa no Céu, meu desejo é de ainda trabalhar pela Igreja e pelas almas; peço isso a Deus e estou certa de que me ouvirá. Bem vê que se eu abandonar já o campo de batalha, não é pelo desejo egoísta de descansar. Após muito tempo, o sofrimento tornou-se meu céu na terra; e terei dificuldade de imaginar como ser-me-á possível aclimatar-me num país onde reina a alegria sem mistura alguma de tristeza. Será necessário que Jesus transforme inteiramente minha alma, caso contrário, não conseguirei suportar as delícias eternas."

Sim, para ela o sofrimento tornara-se um céu na terra; ela lhe sorria como nós sorrimos à felicidade.

"Quando eu sofro muito", dizia, "quando me acontecem coisas penosas, desagradáveis, em vez de tomar um ar triste, respondo com um sorriso. No início, nem sempre o conseguia; mas agora, é um hábito que me deixa feliz por tê-lo adquirido."

Uma de nossas Irmãs duvidava de sua paciência. Um dia, ao visitá-la, viu em seu rosto uma expressão de alegria celeste e quis saber-lhe a causa.

"É porque sinto uma dor muito viva", respondeu Teresa; "sempre me esforcei por amar o sofrimento e dar-lhe boa acolhida."

"Por que está tão risonha esta manhã?", perguntava-lhe a Madre Inez de Jesus.

"É porque tive dois pequenos desgostos; nada me causa *pequenas alegrias* como os *pequenos desgostos*."

E em outra ocasião:

"Tem tido provações hoje?"

"Sim, mas... já que as amo!... amo tudo o que o bom Deus me dá."

"É horrível o que sofre?"

"Não, não é horrível; uma pequena vítima de amor poderia achar horrível o que seu Esposo lhe envia? A todo o instante, Ele me dá o que posso suportar; nada mais; e se no momento seguinte Ele aumenta meu sofrimento, aumenta também minha força.

"Todavia, eu nunca poderia pedir-lhe sofrimentos maiores, *pois sou muito pequena*; e então tornar-se-iam sofrimentos meus, e seria necessário que os suportasse inteiramente só; *e nunca pude fazer coisa alguma sozinha*."

Assim falava no leito de morte esta virgem sábia e prudente, cuja lâmpada, sempre cheia do óleo das virtudes, brilhou até o fim.

Se, no livro dos Provérbios, o Espírito Santo nos diz: "*Conhece-se a doutrina do homem pela paciência*" (Pr 19,11), aqueles que a ouviram podem crer em sua doutrina, desde que a tenham provado por uma paciência invencível.

Em todas as visitas, o médico manifestava-nos sua admiração: "Ah! se soubessem o que ela suporta! Jamais vi sofrer tanto com esta expressão de alegria sobrenatural. É um anjo!" E quando lhe expressávamos nossa aflição diante do pensamento de perdermos tão estimado tesouro, acrescentava: "Não posso curá-la, é uma alma que não foi criada para a terra".

Vendo sua extrema fraqueza, ele ordenava poções fortificantes. A princípio, Teresa se entristeceu, devido ao seu preço elevado; depois nos disse:

"Agora, já não me aflijo por tomar remédios caros, pois li que Santa Gertrudes se alegrava com isso, ao pensar que tudo seria para o proveito de nossos benfeitores, porque Nosso Senhor disse: '*O que fizerdes ao menor dos meus irmãos, é a mim que o fareis*'" (Mt 25,40).

"Estou convencida da inutilidade dos medicamentos para me curar", acrescentava ela; "mas me entendi com o bom Deus para que sejam proveitosos aos pobres missionários, que não têm tempo nem recursos para se tratarem."

Tocado pelas atenções de sua pequena esposa, o Senhor, que nunca se deixa vencer em generosidade, enchia-a também com suas divinas atenções: ora eram ramalhetes de flores enviados por sua família, ora um pequeno pintarroxo que vinha saltitar sobre seu leito, olhando-a com um ar de reconhecimento e fazendo-lhe mil gentilezas.

"Minha Madre", dizia então nossa filha, "estou profundamente emocionada pelas delicadezas que me faz o bom Deus; externamente, estou cumulada... e, no entanto, continuo nas mais densas trevas!... Sofro muito... sim, muito! Mas com isso gozo de uma paz espantosa: realizaram-se todos os meus desejos... estou cheia de confiança."

Algum tempo depois, narrava este fato comovedor:

"Uma noite, durante o grande silêncio, a enfermeira veio colocar a meus pés uma garrafa de água quente e passar-me uma tintura de iodo no peito.

"Eu era consumida pela febre, uma sede ardente me devorava. Submetendo-me a esses remédios, não me contive e queixei-me a Nosso Senhor. Disse-lhe: *Meu Jesus, sois testemunha de que sou consumida pela febre e ainda me trazem mais calor e fogo! Ah! se em lugar de tudo isso, eu tivesse meio copo de água, como ficaria mais aliviada!... Meu Jesus! vossa filhinha tem muita sede! Mas está feliz por ter ocasião de lhe faltar o necessário, a fim de imitar-vos e salvar almas.*

"Logo a enfermeira me deixou, e já contava tornar a vê-la somente na manhã seguinte; qual não foi minha surpresa quando, poucos minutos depois, veio trazer-me uma bebida refrescante: 'Lembrei-me há pouco que talvez estivesse com sede', disse-me ela; 'doravante tomarei o hábito de lhe oferecer este alívio todas as noites'. Fitei-a, estupefata, e quando me vi só, pus-me a chorar. Oh! como nosso Jesus é bom! Como é doce e terno! É tão fácil tocar seu Coração!"

Uma das finezas do Coração de Jesus que mais causou alegria à sua pequena esposa aconteceu a 6 de setembro, dia em que, providencialmente, recebemos uma relíquia do venerável Teofânio Vénard. Várias vezes já havia expressado o desejo de possuir alguma coisa que tenha pertencido ao bem-aventurado amigo; vendo, porém, que ninguém mais se importava, ela deixou de falar nisso. Assim, foi grande sua emoção quando a Madre Priora lhe entregou o precioso objeto; ela o cobriu de beijos e não quis mais separar-se dele.

Por que ela amava tanto o angélico missionário? Ela o confiou a suas irmãs queridas numa conversa comovedora:

"Teofânio Vénard é *um pequeno santo*, sua vida nada tem de extraordinário. Ele amava muito a Virgem Imaculada e amava muito sua família."

Destacando, então, estas últimas palavras:

"Eu também amo muito minha família! Não compreendo os santos que não amam sua família!... Como lembrança de despedida, transcrevi-lhes algumas passagens das últimas cartas que ele escreveu a seus pais; são precisamente os meus pensamentos, minha alma se parece com a sua."

Transcrevemos aqui esta carta que diríamos ter saído da pena e do coração de nosso anjo:

> *Nesta terra, nada encontro que me faça feliz; meu coração é muito grande, nada que neste mundo chamamos de felicidade pode satisfazê-lo. Meu pensamento voa para a eternidade, o tempo está a findar! Meu coração está calmo como um lago tranquilo ou um céu sereno; não tenho saudades da vida deste mundo: tenho sede das águas da vida eterna...*
> *Mais um pouco e minha alma deixará a terra, acabará seu exílio, terminará sem combate. Subo ao céu! Hei de entrar na morada dos eleitos, ver belezas que olho humano jamais viu, ouvir harmonias que ouvido jamais ouviu, gozar alegrias que o coração jamais experimentou... Eis-me chegada à hora por todos nós muito desejada! É bem verdade que o Senhor escolheu os pequenos para confundir os grandes deste mundo.*

Não me apoio em minhas próprias forças, mas na força daquele que, na cruz, venceu as potências do inferno. Sou uma flor primaveril que o Mestre do jardim colhe para seu prazer. Todos nós somos flores plantadas nesta terra e que Deus colhe a seu tempo: um pouco mais cedo, um pouco mais tarde... Eu, florzinha efêmera, vou primeiro! Um dia, tornaremos a nos encontrar no paraíso e gozaremos da verdadeira felicidade.

Irmã Teresa do Menino Jesus,
usando palavras do angélico mártir
Teofânio Vénard

Lá por fim de setembro, quando lhe contaram algumas coisas do que fora dito no recreio acerca da responsabilidade daqueles que têm almas aos seus cuidados, reanimou-se um instante e pronunciou estas belas palavras:

"*Quanto aos pequenos, serão julgados com extrema doçura*!" (Sb 6,7). É possível conservar-se pequeno, mesmo nos encargos mais temíveis; não está escrito que, no fim, "*o Senhor levantar-se-á para salvar todos os mansos e humildes da terra*"? (Sl 75,10). "*Não diz para julgar, mas para salvar!*"

Todavia, a onda da dor crescia sempre mais. A fraqueza chegou a tal ponto que, logo, a santa doentinha viu-se reduzida a não poder fazer, sem auxílio, o mais leve movimento. Ouvir falar perto dela, mesmo em voz baixa, causava-lhe um sofrimento horrível. A febre e a opressão não lhe permitiam articular uma única palavra sem sentir uma extrema fadiga. Contudo, apesar desse estado, jamais o sorriso abandonou seus lábios. Uma nuvem passava em sua fronte. Era o medo de dar às nossas irmãs um acréscimo de aflição. Até a antevéspera de sua morte quis passar a noite sozinha. A enfermeira, porém, levantava-se várias vezes, apesar de seus pedidos contrários. Numa de suas visitas, encontrou-a de mãos postas e os olhos elevados ao céu.

"Que estais a fazer?", perguntou-lhe ela; "deveis procurar dormir."

“Não posso, minha Irmã, sofro demais! Então, eu rezo...”

“E o que dizeis a Jesus?”

“Não lhe digo nada, *amo-o*!”

“*Oh! como o bom Deus é bom!...* exclamava ela por vezes. Sim, deve ser, de fato, muito bom para dar-me a força de suportar tudo o que sofro”.

Um dia, disse à Madre Priora:

“Minha Madre, gostaria de confiar-vos o estado de minha alma; mas não posso, porque, neste momento, estou muito comovida.”

E, à noite, entregou-lhe estas linhas, escritas a lápis, com a mão trêmula:

“Ó meu Deus, como sois bom para com a vitimazinha de vosso amor misericordioso! Mesmo agora que acrescentais o sofrimento exterior às provações de minha alma, não posso dizer: ‘*Cercaram-me as angústias da morte*’” (Sl 17,5). Mas, no meu reconhecimento, exclamo: ‘*Ainda que ande no meio da sombra da morte, não temerei mal algum, porque estais comigo, Senhor*’” (Sl 22,4).

“Algumas irmãs creem que tema a morte”, disse-lhe *sua Mãezinha*.

“De fato, isso poderá acontecer; nunca me apoio nos meus pensamentos; sei quanto sou fraca; mas quero gozar o sentimento que o bom Deus me dá agora; sempre haverá tempo de sofrer o contrário.

“O Rev.º Padre Capelão disse-me: ‘Estais resignada a morrer?’ Respondi-lhe: ‘Ah! meu Pai, penso que só se necessita de resignação para viver... por morrer, sinto a alegria’.

“Não vos aflijais, minha Madre, se sofro muito e se não manifesto nenhum sinal de felicidade no último momento. Nosso Senhor não morreu vítima de amor? E veja como foi sua agonia!...”

Enfim, despontou a aurora do dia eterno! Era quinta-feira, 30 de setembro. Pela madrugada, nossa doce vítima, ao falar de sua última noite de exílio, olhou para a imagem de Maria dizendo:

"Oh! rezei-lhe com muito fervor!... mas é a agonia pura, sem nenhuma mistura de consolação..."

"Falta-me o ar da terra, quando terei o ar do Céu?"

Às dez e meia, sentou-se na cama, o que já não lhe era possível fazer há várias semanas, e exclamou:

"Minha Madre, o cálice está cheio até a borda! Não, jamais teria acreditado que fosse possível sofrer tanto... Só posso explicar isso pelo meu extremo desejo de salvar almas..." E pouco depois:

"Tudo o que escrevi sobre meus desejos de sofrer é pura verdade! *Não me arrependo de ter-me entregado ao amor.*"

Repetiu várias vezes essas últimas palavras.

E um pouco mais tarde:

"Minha Madre, preparai-me para bem morrer."

Sua venerada Priora estimulou-a com estas palavras:

"Minha filha, já está preparada para comparecer diante de Deus, porque sempre compreendeu a virtude da humildade."

Então, ela deu esse belo testemunho de si mesma:

"Sim, sinto que minha alma nunca procurou senão a verdade... sim, compreendi a humildade do coração!"

Às quatro e meia, manifestaram-se os sintomas da última agonia. Logo que nossa angélica moribunda viu entrar a comunidade, agradeceu-lhe com o mais gracioso sorriso; depois, totalmente entregue ao amor e ao sofrimento, segurando o crucifixo em suas mãos desfalecidas, iniciou o combate supremo. Um suor abundante cobria-lhe o rosto; ela tremia... Mas, como em meio a uma furiosa tempestade o piloto a dois dedos do porto não perde a coragem, assim essa alma de fé, percebendo estar perto o farol luminoso da praia eterna, deu valentemente os últimos golpes de remo para chegar ao porto.

Quando o sino do mosteiro tangia o Angelus vespertino, ela fixou um inexprimível olhar para a Estrela dos mares, a Virgem Imaculada. Não era, então, o momento de cantar:

> Tu, que na aurora da vida me sorriste,
> Vem sorrir-me de novo, ó Mãe, eis a tarde!

Às sete horas e alguns minutos, voltando-se para sua Madre Priora, nossa pobre martirzinha lhe disse:

"Minha Madre, não é a agonia?... Não vou morrer?..."

"Sim, minha filha, é a agonia, mas talvez Jesus quer prolongá-la por algumas horas."

Então, com voz doce e resignada:

"Pois bem... vamos... vamos... oh! não quisera sofrer menos!"

Depois, olhando para seu crucifixo:

"Oh!... amo-o!... meu Deus, eu... vos... amo!!!"

Foram essas as suas últimas palavras. Assim que acabou de pronunciá-las, para nossa grande surpresa, de repente ela inclinou a cabeça para a direita, na mesma atitude das virgens mártires ao se oferecerem para o golpe da espada; ou antes, como uma vítima de amor, a esperar que o Arqueiro divino lhe atire a flecha abrasada pela qual quer morrer...

Repentinamente, ergue-se, como que chamada por uma voz misteriosa, abre os olhos e os fixa, brilhantes de paz celeste e de indizível felicidade, um pouco acima da imagem de Maria.

Este olhar prolongou-se pelo espaço de um *Credo* e sua alma ditosa, tornada presa da *Águia divina*, voou para o céu.

* * *

Alguns dias antes de deixar este mundo, dissera-nos este anjo: "*A morte de amor que desejo é a de Jesus na cruz*". Seu desejo foi plenamente atendido: as trevas, a angústia acompanharam sua agonia. Todavia, não poderíamos aplicar-lhe também a sublime profecia de São João da Cruz, referente às almas consumidas na divina caridade?

"*Elas morrem em êxtases admiráveis e deliciosos assaltos que o amor lhes dá, como o cisne, cujo canto é mais melodioso quando está prestes a morrer*. Foi o que levou Davi a dizer que '*a morte dos justos é preciosa aos olhos de Deus*': pois é então que os rios do amor deixam a alma e vão perder-se no oceano do amor divino."

Logo depois que nossa branca pomba levantou seu voo, a alegria do último instante imprimiu-se em sua fronte, e um inefável sorriso animava seu rosto. Pusemos uma palma na sua mão; e os lírios e as rosas envolveram os despojos virginais daquela que levou para o céu a veste branca do seu batismo, avermelhada com o sangue de seu martírio de amor. No sábado e no domingo, uma multidão imensa e recolhida afluía sem cessar diante da grade do coro, contemplando na majestade da morte "*a pequena rainha*" sempre graciosa, fazendo tocar nela centenas de terços, medalhas e até joias.

A 4 de outubro, dia da inumação, vimo-la rodeada por uma bela coroa de sacerdotes; essa honra lhe era devida: havia rezado tanto pelas almas sacerdotais! Enfim, após ser solenemente abençoado, esse grão de trigo precioso foi lançado a terra pelas mãos maternais da santa Igreja...

E quem poderá dizer agora quantas espigas maduras produziu esse germe?... Uma vez mais, realizou-se magnificamente a palavra do divino Ceifeiro: "Em verdade, vos digo que se o grão de trigo que cai na terra não morrer, fica infecundo; mas, se morrer, PRODUZ MUITO FRUTO..."

Do mundo ela passou a fugitiva imagem... A mim o Céu!

Naquela noite, na sombra, Anjos desceram,
A procurar uma irmã para levá-la ao Céu;
Sobre suas asas azuis, alegres, a raptaram,
E o Menino Deus, Jesus, diante deles correu.

Virgens lá estavam para sua conquista,
E o ardor do triunfo em seus olhos brilhou;
E todas olhavam com um ar de festa,
E a Virgem Imaculada também lhe sorriu!...

E, laços rompidos, apareceu entre elas,
Teresa, bela e jovem, e alma inflamada;
Só ela com a fronte ornada de flores novas,
Mais brilhantes que a aurora aos inícios de maio.

Esta esposa escolhida, alma pura e serena,
Já cheia de dias, procurava em seu Céu,
No Céu impaciente por proclamá-la rainha,
De seu ardente amor o salário eternal...

Bela ROSA DESFOLHADA outrora sobre a terra,
Corremos ao odor de teus perfumes tão suaves.
Tu que compreendeste o Amor, dá-nos tua luz,
Lança também do Alto tuas pétalas sobre nós.

Conecte-se conosco:

facebook.com/editoravozes

@editoravozes

@editora_vozes

youtube.com/editoravozes

+55 24 2233-9033

www.vozes.com.br

Conheça nossas lojas:

www.livrariavozes.com.br

Belo Horizonte – Brasília – Campinas – Cuiabá – Curitiba
Fortaleza – Juiz de Fora – Petrópolis – Recife – São Paulo

EDITORA VOZES
VOZES NOBILIS
Vozes de Bolso
Vozes Acadêmica

EDITORA VOZES LTDA.
Rua Frei Luís, 100 – Centro – Cep 25689-900 – Petrópolis, RJ
Tel.: (24) 2233-9000 – E-mail: vendas@vozes.com.br